CEEIA 中国教育装备行业协会教育装备研究院
2016年度课题　批准号：CEFR15001K1

XUEXIAO
RENZAOCAO
YUNDONG CHANGDI SHOUCE

学校人造草
运动场地手册

中国教育装备行业协会学校体育装备分会◎编著

光明日报出版社

图书在版编目（CIP）数据

学校人造草运动场地手册 / 中国教育装备行业协会学校体育装备分会编著. —北京：光明日报出版社，2017.12

ISBN 978-7-5194-3703-9

Ⅰ.①学… Ⅱ.①中… Ⅲ.①体育运动—场地—手册 Ⅳ.①G818-62

中国版本图书馆CIP数据核字（2017）第298840号

学校人造草运动场地手册

XUEXIAO RENZAOCAO YUNDONG CHANGDI SHOUCE

编　　著：中国教育装备行业协会学校体育装备分会

责任编辑：李壬杰　　　　策　　划：席建海

封面设计：宗彦辉　　　　责任校对：许洪亮

责任印制：曹　净

出版发行：光明日报出版社

地　　址：北京市西城区永安路106号，100050

电　　话：010—67017249（咨询），67078870（发行），67019571（邮购）

传　　真：010—67078227，67078255

网　　址：http://book.gmw.cn

E-mail：lirenjie111@126.com

法律顾问：北京德恒律师事务所龚柳方律师

印　　刷：三河市腾飞印务有限公司

装　　订：三河市腾飞印务有限公司

本书如有破损、缺页、装订错误，请与本社联系调换，电话：010-67019571

开　　本：170×240　　　　印　　张：12.75

字　　数：188千字　　　　插　　图：141幅

版　　次：2017年12月第1版

印　　次：2017年12月第1次印刷

书　　号：ISBN 978-7-5194-3703-9

定　　价：68.00元

《学校人造草运动场地手册》编委会

主　任

唐勤勇　中国教育装备行业协会学校体育装备分会理事长

副主任

杨毅良　北京火炬生地人造草坪有限公司董事长

杨泽歆　广州爱奇实业有限公司总经理

赵　辉　江苏瑞弗橡塑材料有限公司总经理

唐天潭　北京中体善建建设工程有限公司总经理

主　编

孟庆生　中国教育装备行业协会学校体育装备分会顾问

　　　　北京师范大学副教授

副主编

梁　赋　北京工业职业技术学院副教授

王欣义　中国教育装备行业协会学校体育装备分会专家

编　委

王　港　中国教育装备行业协会学校体育装备分会秘书长

李　超　中国教育装备行业协会学校体育装备分会常务副秘书长

张　威　清华大学教授

姚国强　北京体育大学副教授
尹兆风　北京工业职业技术学院副教授
李长青　北京工业职业技术学院副教授
姚建军　北京航天航空大学副教授
刘　旭　西南交通大学教授
李　杰　北京大学副教授
王铁钢　中央美术学院副教授
张建军　北京市第五十四中学副校长
张　量　中国教育装备行业协会学校体育装备分会专家
刘凯楠　北京火炬生地人造草坪有限公司总经理
闫　怀　北京火炬生地人造草坪有限公司副总经理
雷　平　广州爱奇实业有限公司副总经理
陈育淳　广州爱奇实业有限公司工程技术中心主任

序

学生的身体健康和安全一直为社会各界所关注，校园“毒跑道”“毒操场”事件的发生，使学校运动场地质量成为社会热点话题。随着人造草运动场地在校园的普及，更多的学生喜欢在人造草运动场地上踢足球、跑步、做游戏等，它们已成为学生运动、课间休息和玩耍的重要场所。如何营建和管理绿色、安全、环保及耐用的学校人造草运动场地，是保障学生运动环境安全，促进学生身心健康发展的首要条件。

优质的场地需要质量可靠、安全系数高、符合标准的环保材料做支撑，需要依靠专业素养优秀的建设队伍进行施工，需要国家认定的检测机构和认证机构做评定，还需要权威专业组织及单位验收，如此才能塑造最佳的运动环境，让“祖国的未来”释放天性，畅享运动带来的快乐，感受美丽和谐的校园生活。

学校人造草运动场地建设和管理使用是一个系统工程，本手册从人造草运动场地的概述谈起，系统地讲解了学校人造草运动场地建设要求、修建过程中的监控、场地技术要求，基础建造，铺装技术要求，检测、使用和维护、常见问题及解决措施等方面的内容，基本涵盖了场地建设和管理维护的完整流程。是指导学校人造草运动场地建设和使用管理的一部方便、实用的工具书，对学校人造草运动场地的发展具有重要的指导意义。

值《学校人造草运动场地手册》出版之际，谨向为该书出版付出辛勤劳动的作者们表示诚挚的敬意和衷心的感谢！是你们的默默奉献推动着学校体育事业的发展，为我们的学生创造了一个安全舒适健康的运动环境。此为序。

中国教育装备行业协会会长

王富

2017年10月20日

前　言

人造草是一种优质安全的运动地面铺装材料。人造草运动场地，色彩鲜艳，经济环保，不受地理环境与气候的影响，全天候使用，维护成本低，使用寿命长。优质的人造草采用仿生学原理，可与天然草坪相媲美，学校人造草运动场地面层系统能有效地减少学生的运动损伤，尤其是对膝、踝、背面及各关节部位有很好的保护，学生在运动时不会擦伤和摔伤，使各项运动技术得到最大的发挥，从而获得极大的运动体验和乐趣。学校体育运动场地使用人造草坪建设，已成为一种趋势。

为使学校在人造草运动场地设计、选材、施工、检验、验收及保养、维护等方面有依据、有规范、有标准，准确、清晰地把握建设和使用全过程，使人造草坪运动场地与本地区、本学校的办学特色和自然环境相匹配，符合使用功能和安全要求，标定生产建设方与使用方共同遵守的人造草坪运动场地质量评价标准，在中国教育装备行业协会的领导和支持下，学校体育装备分会邀请我国人造草行业内的专家、优秀企业工程师、知名院校学者等人员组成编委会，经多年的社会调查和实践，针对学校人造草运动场地建设中存在的问题，编著本手册。

在手册编写过程中，北京火炬生地人造草坪有限公司、广州爱奇实业有限公司、江苏瑞弗橡塑材料有限公司和北京中体善建建设工程有限公司给予大力支持与帮助，在此表示衷心的感谢。

本手册是在学校体育运动场地和设施建设领域中的一次尝试，资料来源有限，不当之处，敬请读者批评指正，以便再版修正。

《学校人造草运动场地手册》编委会

目　　录

第一章　人造草运动场地概述

经过半个多世纪的发展，人造草已经广泛应用于各种体育运动场地中，并形成不同人造草运动场地质量品质认证体系，而在我国学校体育运动场地中的建设和应用，有效地解决了学校操场晴天尘飞扬，雨天两脚泥的土质场地问题，大大提高了学校体育教学、训练、科研、课外活动和比赛的质量。深入了解国内外人造草运动场地的发展及现状、系统结构和人造草的构成、分类、性能、功能等，才能从历史和发展的层次全面把握学校人造草运动场地的建设和管理的发展趋势，建造优质的学校人造草运动场地。

第一节　人造草运动场地发展史

一、人造草运动场地的出现与发展

人造草作为天然草坪的一种替代产物出现于20世纪60年代，逐渐被应用于多种体育运动的场地上，至今已经经历了半个世纪的发展历程。

世界上第一片被公众所熟知的使用人造草坪建造的体育场是1965年落

成于美国德克萨斯州休斯顿的天文观测窗（Astrodome），当时由于场地接受光照受限导致天然草无法生长，所以选择用人造草坪铺设了一片美式足球场地。由此，在北美地区，人造草坪开始被广泛应用于室内外的美式足球与棒球场地上。

在大西洋对岸的英国，第一片人造草坪足球场地于1971年出现在伦敦的喀里多尼亚（Caledonian）公园。这一时期出现的人造草坪被称为第一代人造草，草纤维多为尼龙材质，场地的结构也比较简单，人造草坪通常直接铺装于场地基础的表面，在人造草坪内没有使用任何填充物，也没有涉及任何缓冲垫层。由于生产第一代人造草的簇绒设备多由生产地毯的机器改造而成，所以产品还带有一些地毯的特征，如草纤维的高度通常介于10～12mm之间，单位面积内草簇的密度高等。

20世纪70年代后期，人们开始崇尚健康的生活方式并愿意投入更多的时间在体育运动方面，社会上对于运动场所的需求由此大大增长。人造草坪在运动场地的应用恰好回应了天然草坪运动场地发展所面临的一些局限，例如水与土壤等资源的短缺，天然草坪高频率养护工作的复杂性和高额的后期费用等。在这样的大环境下，人造草坪得益于其持久耐用、低养护需求、运动性能稳定等优势，在体育运动领域得到了很快的发展。

人造草坪发展史上一个重要的里程碑出现在1976年的蒙特利尔奥运会上，在莫尔森（Molson）体育场的人造草坪曲棍球场地上首次成功地举办了世界级的曲棍球比赛。赛后运动员们对这种新型场地给予了一致好评，在得到国际曲棍球协会的认可后，从专业到业余各级别的曲棍球运动场地全面使用人造草坪代替了天然草坪。

这一时期的人造草坪被称为第二代人造草，特点是使用沙粒作为填充物填注在人造草坪草纤维间的空隙中，草纤维开始使用聚丙烯为原料，并且高度有所增加，通常介于20～25mm。同时为了提升运动性能和球的运动表现，缓冲垫层开始作为夹层被应用在人造草坪与地面基础之间。这一时期的人造草坪展现出了具备兼容多种运动项目的多功能用途的可能性，但并不是所有运动都接纳使用人造草坪的场地，由于草纤维在顺滑程度和运动性能上与天然草场地仍存在很大的差距，人造草坪存在对运动员造成皮肤擦伤的可能性，所以与地面发生皮肤接触的运动场地还很少使用人造草坪。

20世纪90年代后期，人造草坪的发展又取得了新的突破。草纤维更多地使用聚乙烯取代聚丙烯来生产，使得草纤维更加柔软顺滑，减少了对人体皮肤的磨损。人造草坪中的填充物除了沙粒以外，还加入了橡胶颗粒，增加了填充物的厚度，并且草纤维的高度也相应地增加到了50～65mm以便容纳更多的填充物。沙粒与橡胶颗粒相结合的填充物为人造草坪场地提供了更好的弹性和更大的扭矩。这种类型的人造草坪运动场地在行业内被称为第三代人造草，它更好地模拟了天然草运动场地的属性，包括运动员使用时的脚感与球反弹和滚动的状态。

第三代人造草在性能方面的改进使得人造草坪运动场地在足球运动中也普及开来，并成为体育用人造草坪中主流的类型一直使用至今。这也引起了国际足联等国际体育协会对于人造草坪场地的重视，2001年国际足联为了规范人造草坪足球场地的使用引入了国际足联品质体系（FIFA Quality Concept）的概念，制定了对人造草坪质量与安全性等方面的具体要求和检测标准。2003年依照这一品质体系的要求建设并被国际足联认证通过的100余片人造草坪足球场地被首次用于17岁以下青少年世界锦标赛这样的国际性赛事。

2004年国际足联正式宣布获得其最高级别认证的人造草坪场地可以作为正式比赛用场地举办国际级的赛事。这一决定为足球运动提供了除天然草场地外的另一种场地选择，对处于极端气候环境以及经济困难条件下的国家发展足球运动，参与国际交流有着很大的帮助。作为在世界范围内被行业各界所普遍接受的人造草坪标准，国际足联品质体系也随着人造草技术的发展而不断更新，最新版本的标准公布于2015年，其中对于人造草坪的耐磨性与填充物的稳定性提出了新的要求。

进入21世纪后，一些新的人造草坪概念让人造草坪运动场地的类型更加丰富，其中比较有代表性的两类为天然草与人造草混合系统以及非填充型人造草与缓冲垫层复合系统。2010年的南非世界杯中使用了天然草与人造草混合场地，其中人造草的部分仅为3%，主要的作用是加固天然草坪，减少在运动中对草坪的破坏，提升场地的渗水性能。虽然使用人造草的比重非常小，运动员的感受与在纯天然草坪的足球场上无异，但这仍是实践这一想法的一次重要尝试。

如果在以后的发展中可以真正地将人造草的持久耐用与天然草的运动性能结合在一起的话，那么这将成为非常理想的运动场地。随着人造草坪生产工艺的升级以及缓冲垫层材料与结构等方面的创新，将非填充型的人造草坪与预制型缓冲垫层复合成一体化的地面系统，在保证基本的运动性能的同时，为场地的铺装带来极大的便利，并且具有可移动性。这些都被视为接下来人造草坪运动场地发展的新趋势，有待进一步的探索和尝试。

二、我国人造草运动场地的发展

在我国，人造草坪运动场地最早出现在20世纪90年代中后期的南部沿海地区，最初在广州的一些俱乐部与住宅小区的配套体育设施中的网球场开始使用以第二代人造草为主的产品，同时广东工业大学等一些院校也开始尝试选择人造草坪来铺设足球场。这一时期国内使用的人造草坪均为进口产品，所以造价较高。进入21世纪，广州首先出现了第一家人造草坪生产企业，并带动了人造草坪这一产品的国产化，接下来陆续在华东以及华北地区出现了人造草坪的生产企业。同时社会上对于人造草坪运动场地的接受程度和需求量也在快速增加，这一现状推动了这个行业的迅速发展。

在2003年，由中国制造铺设于北京先农坛体育场的人造草坪足球场成为我国首片通过国际足联（FIFA）认证的场地，标志着我国生产的人造草产品可以比肩进口产品达到国际标准的要求，并且标志着高规格的人造草坪足球场在国内的出现。由此至2008年北京奥运会这段时间，全国范围内人造草坪运动场地的数量快速增长。由教育部发起，从北京开始，后发展至全国的中小学体育场地的改造工作也在这段时间内推广开来，普遍采用人造草坪取代了简陋的土质场地，大大提高了学校体育教学、训练、比赛和课外活动的质量。塑胶跑道与人造草坪运动场地逐渐成为全国各地学校建设运动场的标准配置。同时也出现了越来越多高质量的，通过国际足联、国际曲联（FIH）等体育联合会认证的人造草坪运动场地，很好地配合与促进了我国体育教学、竞技体育和全民健身运动的发展。

第二节　人造草运动场地系统结构

人造草坪运动场地是一个由多层材料构成的地面系统，根据运动用途与人造草坪类型的不同，场地的结构与使用的材料也会有所不同，但就户外人造草坪运动场地来说，地面系统的结构具有一定的共同性。以现如今在学校使用最为广泛的第三代人造草坪场地系统为例，基本的结构组成如图1–1所示。

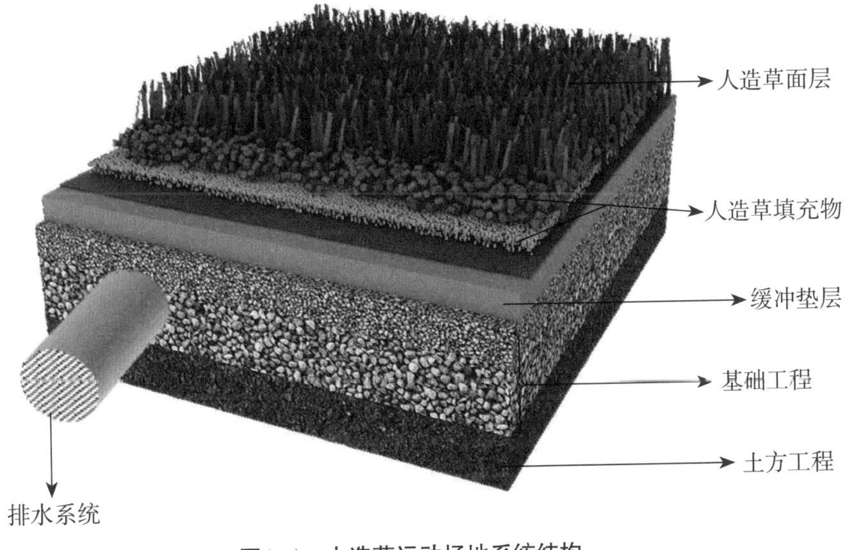

图1–1　人造草运动场地系统结构

、土方工程

土方工程是场地施工的第一步，将现场的表土层包括天然植被等使用挖掘设备移除，直至露出天然素土。为了提高地面的强度，素土层需使用振动辊或类似设备压实平整并达到一定的密实度要求。土方工程的目的是为后续施工以及整个场地系统提供一个稳定结实的平台，其质量对于人造草坪运动场地的整体品质与使用年限有直接影响。

二、给排水系统

人造草坪运动场地对于给水和喷淋系统的要求远低于天然草运动场地，但是对于日照时间长的炎热地区的人造草坪运动场地可以配备喷淋系统用于场地面层的降温。另外对于特定运动项目的场地，例如国际级比赛用曲棍球场，是要求在浸湿条件下使用的。这类场地在建造时需要严格按照相应标准的要求进行喷淋系统的设计与施工，并对场地内各点的水量喷洒均匀度有着很高的要求。

场地的排水系统需根据当地的降雨量、降雨强度等现场条件设计，在土方工程施工期间按照设计规划安装排水系统。通常将塑料材质带孔的排水管道埋入沿场地对角线方向挖好的排水沟中，管道的位置应在冻土层以下。管道埋设好后需用干净的碎石与砂砾回填排水沟并充分压实。人造草坪场地表面的水除了经过渗透作用汇入排水管道再导出之外，场地通过设置一定的排水坡度也可以使一部分水在表面顺着倾斜坡度排出。排水系统必须保持通畅以保证人造草坪运动场地上不存有影响使用的积水。

三、基础工程

基础工程是人造草坪运动场地系统中的重要组成部分，平整结实的基础层不但为后续施工以及后期场地养护所使用的机械设备提供支撑，保证场地不出现局部永久变形，同时它的成分结构与密实度也对建成后场地的渗水性及弹性存在一定的影响。根据场地的设计、用途和预算情况，基础工程有三种常见的建造选择：沥青混凝土基础、水泥混凝土基础与碎石疏水基础，另外还有水泥石粉、透水砖等其他种类材质的选择，每种基础需根据具体的施工方法及要求分层施工，本手册的第五章中介绍了关于基础建造的详细内容。

四、弹性垫层

弹性垫层，又称缓冲垫层，是安装于基础与人造草面层之间的具有调节场地系统整体冲击吸收与回弹能力的中间层。弹性垫层所起到的作用是多方面的，从安全性能方面讲，可以在运动员跌落时提供更好的缓冲作用从而减轻伤害，从运动性能方面讲，可以增强并保持人造草坪场地系统的弹性，降低长期使用中运动员下肢劳损性受伤的可能性；从使用寿命方面讲，由于弹性垫层被上层的人造草面层所保护，所以不易受到直接的损坏以及外界环境的影响，有助于更长期的维持场地性能接近新建时的水平。

人造草坪运动场地在我国发展的初期，人造草面层部分是人们关注的唯一重点，缓冲垫层往往被忽略而没有设计在场地系统中。近几年弹性垫层的重要性以及能够带来的长期价值逐渐被人们所认识，被越来越多地使用在人造草坪运动场地系统中，成为未来发展的一个趋势。现阶段弹性垫层的产品主要可以分为三类：预制型、现场铺装型以及集成型。

预制型是指在工厂内加工制造的质地与厚度均匀的缓冲垫层，其厚度为10～15mm，通常以卷材或块状的形式运往现场进行铺装。这类垫层的材料选择较为多样，如聚乙烯、聚氨酯发泡垫或其他环保新材料加工做成。预制型缓冲垫层的优点在于生产过程的控制可以保持垫层稳定一致的性能以及现场铺装时的易操作性与高效率，如图1–2所示。

图1-2　预制型弹性垫层

现场铺装型是指将橡胶颗粒与树脂黏合剂混合后直接铺于基础表面形成的弹性垫层，如图1-3所示。橡胶颗粒垫层的铺设厚度通常介于10～25mm，施工时保持整个场地橡胶颗粒与黏合剂混合比例的一致以及压实度的均匀对于垫层的品质与性能至关重要。现场铺装型垫层的好处在于通过对铺装厚度的调整可以弥补基础的平整度问题，具有较好的渗水性能。但由于垫层的制造成型与铺装过程在户外环境中一次完成，天气状况、周边环境与施工水平等因素都会对缓冲垫层的质量和效果有所影响。所以严格的品质管理与现场流程监管是保证弹性垫层能够达到设计与品质要求的前提条件。

图1-3　现场铺装型弹性垫层

集成型是指弹性垫层与人造草面层构成一个整体，被附在人造草面层的底部，如图1-4所示。这类弹性垫层本身的材质与预制型的垫层十分类似，在经过加工之后使它与人造草面层的底背牢固贴合，从而减少了人造草面层与垫层之间发生相对位移的可能性。这类产品通常制成带有齿扣的块状形式，在现场铺装固定，具有一定的可移动再拼装性，适用于快速搭建临时活动场地。

图1-4　集成型弹性垫层

五、人造草面层

人造草面层是整个场地系统的表层，由人造草纤维经过不同的簇绒方式织于底布上，再经过背胶程序将人造草纤维固定。人造草面层的规格变化十分多样，针对不同种类的运动项目而设计的人造草面层在草纤维高度、形状、宽窄以及簇绒密度等方面都会有较大的差别，以求生产出来的产品最贴近于该运动项目的使用性能要求。即便是为同一用途，例如足球，所开发的人造草面层，不同的生产厂家根据各自工艺技术的特点以及设计上突出不同的侧重点，在规格与外观上也存在很大的差异。所以仅根据人造草面层来判断整个运动场地系统性能与品质的优劣是片面的，只有与场地系统中的其他组成部分一同考虑才能客观地评判人造草坪运动场地的好坏。人造草面层的具体构成、分类与性能等内容在本章后面的小节中有详细的介绍。

六、人造草填充物

人造草填充物是指被填充在人造草面层草纤维空隙中的颗粒。配合不同的人造草面层，填充物的选择也有所区别。例如，网球与非专业竞赛类的曲棍球人造草中通常会填入石英砂颗粒；以第三代人造草为主的足球或橄榄球用人造草面层中同时使用石英砂与弹性颗粒两种不同材质的填充物。沙粒类的填充物建议选择粒径均匀的圆形、无棱角的石英砂或含硅量90%以上的天然铸造砂，以统一的填充厚度作为第一层填充物均匀地填入人造草面层中，它主要起到利用压重来稳定人造草面层的作用。

弹性颗粒作为第二层填充物均匀铺于沙粒填充层之上，它主要的作用是增加场地的弹性与冲击吸收能力，提升场地的运动性能。弹性颗粒从材料上普遍分为三类：丁苯橡胶（SBR）、三元乙丙橡胶（EPDM）和热塑性橡胶（TPE）类颗粒。丁苯橡胶颗粒由于价格最低成为市面上使用最广的弹性颗粒，它通常由轮胎和鞋底等物品回收粉碎后制成。但是丁苯橡胶颗粒在后续的使用中存在着老化变硬、粉化、吸热导致场地高温、产生挥发性有机化合物、含重金属等问题，引起了社会上对于这类填充物是否存在潜在的健康与环境威胁的问题的关注。这类填充物的另一个问题是回收原料的品质与稳定性难以控制，批次之间可能存在较大的差异；三元乙丙橡胶颗粒通常是专门作为填充物使用新料生产的，可以制成多种颜色，较黑色丁苯橡胶颗粒吸热量更小、老化速度更慢，也被认为是比丁苯橡胶颗粒更安全环保的选择，但是价格远高于丁苯橡胶颗粒；热塑性弹性颗粒是较为新型的一种人造草坪运动场地填充物，这种材质具有更好的加工成型特性，使得这类颗粒可以根据使用的具体要求来设计颗粒的形状，在正常的场地使用环境中具有高弹性、不粉化等优点，较丁苯橡胶和热塑性橡胶颗粒而言更加健康环保，但售价也是这三种弹性颗粒中最高的一种。

为了使人造草坪的填充物更环保，在回收后能够降解，一些欧美的生产厂家开始尝试使用有机的椰壳、椰棕和软木颗粒作为填充物，但是这种做法并没有完全成熟，需要在实践中不断验证与改进。

第三节　学校运动场用人造草的构成

人造草面层通常由人造草纤维经簇绒或其他编织工艺固定在基布之上后涂覆高分子胶黏剂加固定型所构成，如图1–5所示。

图1–5　人造草面层构成

一、人造草纤维

人造草纤维是指外观类似于天然草的合成纤维。在人造草坪不断发展的过程中，人造草纤维在外观、形状、材质和性能上都有很多的变化。人造草生产厂家通常会提供关于人造草纤维规格的参数表来具体描述高度、磅重、形状、簇绒密度、材质等方面的数据，作为用户选择人造草产品的依据。但是这些数据本身无法揭示该款人造草面层在用于整个人造草坪场地系统中时的性能及表现如何，所以在为学校选用合适的人造草坪运动场地时，必须全面考虑人造草面层、填充物、缓冲垫层和基础的选择与搭配，切不可仅以人造草面层的规格与外观作为片面的选择依据。

二、底布

人造草底布（基布）是指位于草纤维底部用来固定草纤维的合成材料，是人造草纤维所依附的底衬。出于增加机械强度的考虑，通常基布由多层聚丙烯纤维网状布复合构成，另外为了提升对草纤维的束缚强度，在聚丙烯纤维的基础上还有增加一层网格状纤维层的做法。基布需要为人造草面层提供良好的尺寸稳定性，具备较强的温度适应性，并且适用于多种地基类型。为了保证人造草坪运动场地结实耐用，基布还需要具有高度抗拉性与抗撕裂强度。对于上述这些物理机械性能，针对不同的用途，在国家以及行业标准中有具体的要求。

三、背胶

背胶过程将高分子胶黏剂涂覆在基布底部来稳固草纤维，提高对草纤维的束缚力。现阶段最为普遍的背胶方式为使用丁苯乳胶，底部的性能可以满足场地使用的基本要求，但是有较刺鼻的气味且不可回收利用。聚氨酯类胶黏剂是另一种较为常见的背胶方式，相比丁苯乳胶具有外观光亮、防水性好等优点。最新的人造草坪环保背胶使用的是环保聚烯烃胶系列材料，外观无色透明，具有无挥发性气味、无重金属等更加安全的属性，并且这类人造草坪在使用寿命结束后可完全回收，实现资源的再生利用。在提升机械性能方面，相比之前两种背胶方式，可以提供更强的草纤维束缚力以及抗撕裂力。

第四节　学校运动场用人造草的分类

由于人造草坪在草纤维、生产工艺与使用用途等方面都有许多的变化，所以人造草的分类可以具体从以下四个方面来予以区分。

一、按纤维分类法分

从人造草纤维的外观上区分，现阶段市场上普遍存在单丝与开网丝两类产品，如图1–6所示。

单丝　　开网丝

图1–6　人造草纤维分类

开网丝是指一种横向拉伸后，形态呈现网状交叉结构的人造草纤维。开网丝草纤维在使用的过程中网状交叉处会经历一段分裂过程，最终形成细窄的单根纤维。这一类的草纤维在我国人造草坪运动场地发展的初期曾作为主流产品被广泛使用，现在也仍有学校会选用此类人造草坪；单丝是指一种表面类似天然草丝的单根状人造草纤维。这类草纤维可直接被生产成具有一定横截面形状设计的单根草丝，相比开网丝而言，没有了开始使用时的分裂过程，单根草纤维的宽度和厚度也有了更大的调整空间，可以根据不同的工艺要求与用途来有针对性地设计草纤维。而且这类草纤维由于外观上更接近天然草的视觉效果，逐渐成为现今人造草坪运动场地的主流选择。

二、按纤维材料分类法分

人造草纤维材料的使用根据发展时期与性能要求的不同有着多种不同的选择，主要可以分为尼龙、聚丙烯和聚乙烯三类。

早期的人造草坪多数使用尼龙为草纤维的主要材料，尼龙人造草纤维耐磨性能优越，具有高强度和硬度，这些性能对于曲棍球、网球以及高尔夫球等运动项目的场地来说十分重要，但同样由于这些特性所带来的高摩擦系数使得这类草纤维在与人体皮肤发生摩擦时容易造成皮肤的灼伤，所以在后期人造草坪的发展中，接触类运动场地（足球、橄榄球等）很少选择使用尼龙材质的草纤维，而是更多地使用聚烯烃类的草纤维；聚烯烃类草纤维普遍具有较好的耐磨性，而且柔软与爽滑程度较尼龙草纤维更好，可以大大降低灼伤使用者皮肤的可能性。具体来说，聚丙烯草纤维的硬度高于聚乙烯草纤维，同时耐温性也较差，温度在0℃左右时易出现变脆和断裂现象；聚乙烯草纤维是现今人造草坪运动场地的首选，优势在于材质柔软，同时可以保持较好的耐磨性与弹性。为了提高聚烯烃类草纤维的耐候性及其他物理性能，生产中通常需要加入特定的助剂，并且由于聚合度的不同，草纤维所体现的性能也会有所不同，所以科学的草纤维制作配方与严格的生产工艺控制是保证产品质量的重要条件。

三、按生产工艺分类法分

人造草坪从草纤维的生产工艺上来讲，可以分为直丝和卷曲丝两大类。直丝是指呈竖直挺立状的人造草纤维，第三代人造草以这种草纤维为土，适合搭配填充物使用，可以用于多种运动项目的场地，包括足球、网球、篮球等。根据不同运动项目的需求，草纤维的高度也有所不同。卷曲丝是指草纤维经过多道加工定型工艺后，呈弯曲状的人造草纤维。这类草纤维适合用于草丝高度较短、簇绒密度较高的人造草坪，例如，曲棍球、高尔夫球等运动场地。卷曲丝的优势在于能够解决草纤维倒伏与草面方向性的问题，大大提高草面的平整度和均匀性，可以使得贴草坪滚动的球类各方向上运动表现得稳定一致，这点对于曲棍球和高尔夫球这类运动尤为重要。现在一些新型的非填充型人造草坪运动场地采用直丝与卷曲丝两种草纤维混合的簇绒方式制成，这种类型的人造草坪建议配合高性能的缓冲垫层使用。卷曲丝处于较高的直丝空隙间代替填充物，起到了一定的弹性与阻力作用，但效果与填充物层相比尚有差距。除运动领域外，这类人造草坪也被广泛地使用在景观休闲领域，如图1–7所示。

单丝直丝　开网直丝　单丝卷曲丝　开网卷曲丝

图1–7　人造草纤维生产工艺分类

四、按用途分类法分

人造草坪按照使用用途可分为适用于不同运动项目的类别，如足球草、网球草、橄榄球草、棒球草、曲棍球草、高尔夫球草、多功能运动草等。每项运动对于人造草坪的技术要求有所不同，具体的内容在本手册的第四章中有详细介绍。

第五节　学校运动场用人造草的性能

人造草坪的性能可大致分为理化性能、耐久性能与机械性能三大类。理化性能包括人造草坪的渗水性能、阻燃性能、耐酸性能、耐碱性能、耐有机物性能；耐久性能包括耐老化性能与耐磨损性能；机械性能包括草纤维的回弹性能与物理机械性能。

一、渗水性能

用于户外运动场地的人造草坪考虑到在雨中、雨后进行比赛的情况，为了保障场地的有效使用，在设计时需要具备排渗水功能。通常人造草坪运动场地采用排渗结合的排水方式，除了地面基础在建造时设置一定的坡度排水外，人造草坪也需要有下渗排水的能力。生产人造草坪时，在背胶过程后通常会按照一定的间距与孔径要求在基布上进行打孔，这些均匀分布的渗水孔为场地中水的下渗提供了途径。

人造草坪的打孔要求没有统一的规定，但是在国际与国内的标准中，都有检查场地渗水速率的要求，通常使用的检验方法称为圆筒测量法，用于计算单位时间内的渗水量，具体的规定可参照GB/T 20033.1。

二、阻燃性能

人造草坪作为主要用于户外运动场地的化工产品，其主要原料的特性决定了它属于可燃物，但通过添加有阻燃效果的助剂可以生产出具有一定阻燃性能的人造草坪，在配合同样有阻燃能力的填充物一同使用时，可使得场地在出现明火时燃烧范围控制在较小的区域而不至于蔓延开来。国家标准GB/T 20394中对体育用人造草坪阻燃性能的评估参照了地毯产品的燃烧检验方法，通过观察燃烧损毁面积来判断人造草坪的阻燃性能。这一检验方法是否适用于人造草坪产品以及学校用运动场地仍需进一步探讨。

室内或气膜场馆等封闭环境中的人造草坪运动场地对于阻燃性能有着更高的要求，欧洲发达国家通常会参照建筑铺地类材料的检测方法来对人造草坪场地系统统一进行分级测试，只有获得高评级认证的人造草坪系统才可以用于这类封闭环境的场馆中。

三、耐酸性能

人造草坪运动场地在户外使用环境中存在被酸性物质（如酸雨等）侵蚀的可能性。为了保证人造草坪的外观与使用寿命，人造草坪需具备一定的耐酸性。国标对于耐酸性能有着具体的要求，人造草坪在试验条件下需要达到草丝颜色无明显变化，背胶无老化现象的标准。

四、耐碱性能

与耐酸性能相应的，人造草坪对碱性物质的侵蚀也需要具有一定的抵御能力。国标对于耐碱性能有着具体的要求，人造草坪在试验条件下需要达到草丝颜色无明显变化，背胶无老化现象的标准。

五、耐有机物性能

耐有机物性能也是人造草坪需要达到的理化性能指标中的一部分，国标对于耐有机物性能采用汽油浸泡的试验方法来检验人造草坪在浸泡4小时后是否可以达到草丝颜色无明显变化，背胶无老化现象的要求。

六、耐老化性能

人造草坪的耐老化性能通常是指在户外的使用环境中抵御光照等天候因素所造成的老化影响的能力。人造草坪随着使用时间的增长会出现一定程度的自然老化现象，但这是一个非常缓慢的过程，通常发生在使用数年之后。老化现象主要会对人造草坪造成两个方面的影响：颜色外观的变化和机械性能的衰减。

检验人造草坪的耐老化性能在各级标准中都有相应的要求，通常使用的测试方法为在实验室的人工气候老化箱内使用荧光紫外灯或氙弧灯等对人造草坪的样品进行加速老化试验，一些测试还要求对样品喷水来模拟降雨的情况。在经过一定时长的老化试验后，取出样品进行色牢度、草纤维和基布机械性能的测试，对比未经过人工气候老化时所测得的各项数据，得出老化现象对人造草坪各方面性能的影响，从而评价其耐老化的性能。

七、耐磨损性能

人造草坪对比天然草运动场地的一大优势就在于更加持久耐用，草面在经过频繁使用后不会在短期内出现磨损现象而影响到场地的利用率和运动性能。检验人造草坪的耐磨损性能在各级标准中都有相应的要求，通常使用的测试方法为在实验室使用专门设计的磨损（磨耗）机来模拟场地实际使用中遇到的磨损情况。人造草坪在经过数千次甚至上万次的机械磨损后，测量草纤维的磨损损失量以及人造草坪运动性能的变化来评价其耐磨损性能。

八、草纤维的回弹性能

草纤维的回弹性能是指人造草坪运动场地在经过反复高强度的踩踏使用后，草纤维经过一段时间的恢复期能够依靠自身材料特性回弹至接近于初始的竖直状态的能力。人造草坪运动场地使用过程会遇到的一大难题就是草纤维在频繁使用过后的倒伏问题，草纤维的倒伏不但会影响场地的外观，更会改变球的滚动和反弹的表现。在草纤维本身具有一定的回弹性能的情况下，配合规范的场地养护操作，可以更长时间地保持草纤维的挺立，提供更好的场地运动性能。

增强草纤维的回弹性能是全球范围内人造草坪行业的一个技术难题，要想使厚度仅为几百微米的草纤维具有良好的回弹性能在材料及生产工艺上都存在很大的难度，现在市面上还没有真正可以有效抗倒伏，拥有良好回弹性能的人造草坪。检验草纤维回弹性能的测试方法也不尽相同，例如国家标准GB/T 20394中使用5千克的落锤反复冲击人造草坪样品的方法来观察试样是否发生变形、扭曲、破损等情况。这些简易的初级测试方法还无法做到模拟真实使用中人造草坪运动场地所受到的动态踩踏冲击的情形，测得的指标也无法直接定量反映草纤维回弹性能的好坏。人造草纤维的回弹性能及其检测方法在今后人造草行业的发展中仍有很大的改善空间。

九、物理机械性能

人造草坪的物理机械性能主要是指与草纤维以及基布强度相关的力学指标。跟草纤维相关的性能包括：草丝拉断力、草丝断裂伸长率、草丝拔出力等；跟基布相关的性能包括：基布拉断力、基布抗撕裂力等。检验人造草坪的物理机械性能在各级标准中都有相应的要求，从而确保人造草坪在正常的使用强度下不会发生严重的草丝断裂、脱离和基布破损等情况。测试物理机械性能通常在实验室中进行，根据具体标准中测试方法的要求，使用拉力试验机进行试验。一些标准中还要求配合人造草坪耐久性能的测试来对比老化或磨损前后的人造草坪机械性能方面的变化。

第六节　学校运动场用人造草的功能

一、为使用者提供适宜的运动性能

人造草坪的运动性能作为对于场地的核心要求，主要体现在使用者与场地的相互作用和球与场地的相互作用（针对球类运动场地）这两个方面。通俗来讲，良好的使用者与场地的相互作用体现在场地为使用者提供舒适的使用感受，包括通过人造草坪的弹性提供缓冲作用以及人造草坪的线性和转动阻力帮助使用者完成起停、转向等动作。球与场地的相互作用体现在使用中球在人造草坪上的反弹、滚动等表现能够在全场范围内保持均一稳定，这与场地的品质稳定性与平整度有着密切的关系。在多数用途中，人造草坪的运动性能以贴近天然草场地的运动性能为目标，针对不同运动项目的需求人造草坪运动场地可以通过改变其系统结构与产品规格来提供适应的运动性能。

二、为使用者提供安全保障

对于学校用人造草坪运动场地来说，安全性尤为重要。科学的场地系统结构能够提供更好的冲击吸收性能与适中的摩擦阻力，减少使用者的运动损伤。人造草坪运动场地各组成部分所使用的原材料也需要符合健康安全标准，无重金属危害、无挥发性有害气体等检测报告是选择人造草面层与填充物时的重要依据。这样的人造草坪才是适合学校使用的安全的运动场地。

三、提高场地水平，维护高利用率

人造草坪的高效性主要体现在场地的高利用率与铺装、维护等工作的便捷高效方面。学校需要全天候且可以承载高频率使用的运动场地来满足教学、训练、比赛等需求，人造草坪不同于天然草坪需要封场保养，为天然草生产创造条件，人造草坪运动场地只需定期做好简单的养护工作就可以保障场地全天候、高频率使用。另外，人造草坪的铺装工作机械化程度高，施工流程基本成熟固定，所以场地的安装效率更高。

四、绿色环保，有利于使用者健康

人造草的环保意义是多方面的。从场地养护的角度来说，相对于天然草场地，人造草坪的养护节约了大量的水和土壤资源，并且由于养护工作量小，也大大减少了养护工作设备所需消耗的能源。从再生利用降低二次污染的角度来说，新型的可回收再利用的人造草在使用年限届满后可回收加工成再生材料用于制造其他实用性塑胶制品，不但避免了填埋、焚烧等废弃处理对环境造成的危害，而且符合可持续发展的原则，有利于创造新的经济价值。

五、景观休闲，装点人类生活

人造草坪除了被广泛应用于体育领域外，人们也越来越多地将人造草坪用于景观休闲等领域，包括庭院、楼顶、阳台的装饰与公园、小区、道路的绿化。通常景观休闲类人造草坪采用直丝与卷曲丝混织的结构，无须填充物。直丝仿真天然草，提供顺滑的触感；卷曲丝增强草坪的柔软度和弹性，同时通过不同颜色的搭配使人造草坪的视觉效果更加自然。人造草坪铺装简便、经济耐用、低后期养护需求等特点提供了四季常绿的草坪来装点人们的生活。

第二章　学校部分人造草运动场地的建设要求

修造人造草运动场地必须完全符合各有关体育运动项目竞赛规则的要求，并按照各有关体育运动项目制定的场地规格进行设计，布局合理方便，有利于学校的体育教学、课外活动、训练与比赛。

在设计各项体育运动场地时，一定要注意各运动项目场地边线外的安全缓冲区域的建设，防止学生运动时发生不必要的身体伤害。由于运动项目不同，所需人造草的种类、材质、草线密度、草苗高度、填充砂用量、填充颗粒用量等各不相同，所以，一定要严格按照各项目的运动特点、需求进行建造。

第一节　足球场地的建设要求

一、足球场地画线

足球场地有多种，根据不同运用方式，可以分为十一制，五人制，七人制三类，其平面结构如图2–1到图2–3所示。

（一）十一人制

如图2–1所示。

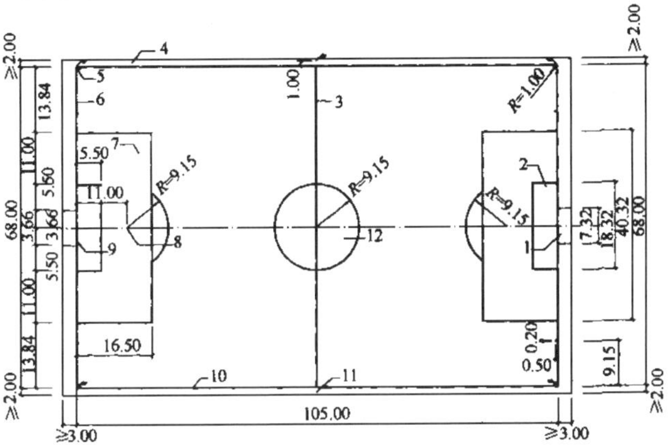

图2–1　学校十一人制足球场地平面（m）

1—1号足球门；2—球门区；3—中线；4—草坪延伸区；5—角球区；6—端线；7—大禁区；8—点球点；9—球门线；10—边线；11—中线旗；12—中圈。

注：国际足球联合会认定的标准场地赛场外安全区域，国际足联比赛长边5m，宽边5m。

（二）五人制

如图2–2所示。

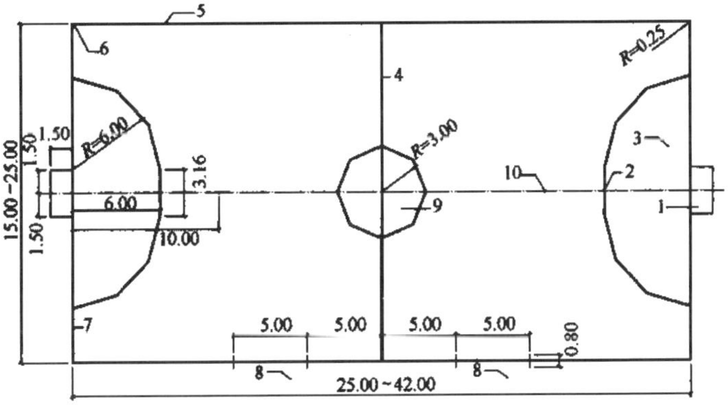

图2–2　学校五人制足球场地平面（m）

1—3号足球门；2—罚球点；3—罚球区；4—中线；5—边线；6—角球区；7—端线；8—换人区；9—中圈；10—第二罚球点。

（三）七人制

如图2-3所示。

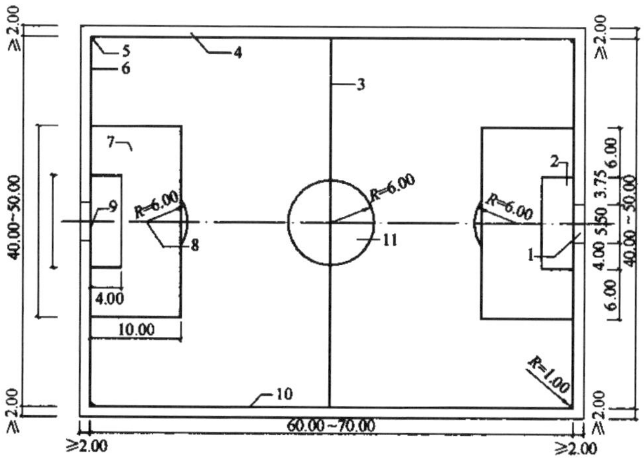

图2-3　学校七人制足球场地平面（m）

1—2号足球门；2—球门区；3—中线；4—草坪延伸区；5—角球区；6—端线；7—大禁区；8—点球点；9—球门线；10—边线；11—中圈。

二、足球场地规格及填充高度明细

具体要求见表2-1。

表2-1　足球场地规格及填充高度明细

场地种类	长（m）	宽（m）	面积（m^2）	白草面积（m^2）	草高（mm）	用砂量（kg/m^2）	用胶粒量（kg/m^2）	标志线宽（m）
十一人制足球场	105	68	7140	100～120	40～60	15～35	7～15	0.12
	105+（2缓冲X2）	68+（2缓冲X2）	7630					
七人制足球场	65	45	2925	45～60	40～55	15～30	7～13	0.12
	65+（2缓冲X2）	45+（2缓冲X2）	3243					
五人制足球场	40	20	800	28～35	40～50	15～28	7～10	0.08
	40+（2缓冲X2）	20+（2缓冲X2）	968					

三、足球场地适用人造草规格

具体要求见表2-2。

表2-2　足球场地人造草规格

草丝材质	分特（tex）	草高（mm）	密度（针/m²）	颜色	充砂量（kg/m²）	充胶粒量（kg/m²）
PE	6600～12500	40～60	8190～12600	绿色、白色	15～28	7～15
PE（常规场地）	8800	50	10500	绿色、白色	28	7

四、足球场地技术要求

具体要求见表2-3。

表2-3　足球场地技术要求

序号	项目	要求
1	场地坡度	无渗水功能的场地≤0.8%，有渗水功能的场地≤0.3%
2	平整度	直径3m范围间隙≤10mm
3	拉伸强度、连接强度	草底衬的拉伸强度以及连接处的连接强度均应>15N/mm
4	安全和环境保护	材料应具有阻燃性和抗静电性能，并符合国际有关人身健康、安全及环境保护的规定。室内人造草坪面层应符合室内环境的有关要求。

1. 规格尺寸及偏差、外观、物理机械性能、渗水性、阻燃性、摩擦系数、环保要求、耐酸碱性、耐有机物性、耐光化性、草丝磨损量等要符合标准要求。

2. 外观：表面基本平整，无明显凹凸不平；密度均匀，无明显露针现象；无明显色差；草丝表面无明显胶斑，基本涂胶均匀，无破损现象；纵向、横向间距均匀，无明显歪线、跳线；草坪接缝平坦，粘接牢固；草苗柔软舒适，富有弹性，有很好的安全性和抗践踏冲击性。

3．足球与人造草坪之间相互作用的有关性能要求符合表2-4的规定。

表2-4　足球与人造草坪相互作用性能要求

项目		要求
球反弹率/%		30～50
球滚动距离/m	干	4～10
	湿	4～10
角度球反弹率（50km/n 15° 入射角）/%		45～70

4．运动员与人造草坪之间相互作用的有关性能要求符合表2-5的规定。

表2-5　运动员与人造草坪相互作用性能要求

项目	要求
冲击吸收/%	55～70
垂直变形/mm	4～9
牵引力系数/μ	1.2～1.8
滑动阻力	120～220

5．拉伸强度、连接强度：草坪底衬的拉伸强度以及连接处的连接强度均大于15N/mm。

6．渗水率：铺装后场地面层的渗水速率大于180mm/h。

7．坡度：与场地长轴呈直角方向的坡度，无渗水功能的场地不大于8‰，有渗水功能的场地不大于3‰。

8．平整度：局部地面不应凹凸不平，在3m直径范围内间隙不大于10mm。

9．排水：下雨停止后20分钟，草坪地面上不应有积水出现。

10．弹性垫层：可分三类：预制型、现场铺装型和集成型。采用哪一种类型均可，但是其材质一定是环保的，必须符合相关国家检测标准认证。

11. 填砂、橡胶颗粒层：草苗内充砂，选用30～70目的粒径均匀的圆形、无棱角的石英砂或含硅量90%以上的天然铸造砂。橡胶颗粒选用达到最新国家环保标准的产品，比如：三元乙丙橡胶颗粒、热塑性橡胶热塑性弹性颗粒。充砂和充橡胶颗粒要均匀。

12. 标志线：标志线应清晰不反光，标志线可直接编织在草坪内，也可现场裁缝，粘接而成，在接缝处要铺垫强力胶带连接或缝纫连接，不能直接粘在地基上面。

第二节　篮球场地的建设要求

一、篮球场地画线

如图2-4所示。

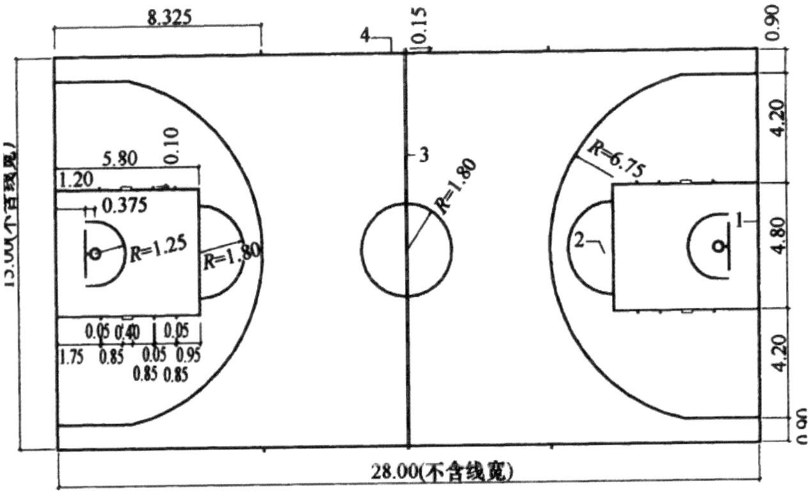

图2-4　篮球场地平面（28.00m×15.00m）

1—端线；2—罚球区；3—中线；4—边线。

注：球场周边至少有2m的安全缓冲区。

二、篮球场地规格及填充高度明细

具体要求见表2–6。

表2–6 篮球场地规格及填充高度明细

<table>
<tr><th>场地种类</th><th>长（m）</th><th>宽（m）</th><th>面积（m^2）</th><th>白草面积（m^2）</th><th>草高（mm）</th><th>用砂量（kg/m^2）</th><th>用胶粒量（kg/m^2）</th></tr>
<tr><td rowspan="2">篮球场</td><td>28</td><td>15</td><td>420</td><td rowspan="2">8～15</td><td rowspan="2">15</td><td rowspan="2">15～25</td><td>/</td></tr>
<tr><td>28.0+（2.0（缓冲×2）</td><td>15.0+（2.0（缓冲×2）</td><td>608</td><td>/</td></tr>
</table>

三、篮球场适用人造草规格

具体要求见表2–7。

表2–7 篮球场人造草规格

草丝材质	分特（tex）	草高（mm）	密度（kg/m^2）	颜色	充砂量（kg/m^2）	充胶粒量（kg/m^2）
聚丙烯（PP）	6600～11000	10～25	20000～42000	绿色、白色、红色	10～25	/
聚丙烯（PP）（常规场地）	6600	20	25200	绿色、白色、红色	20	/

注：篮球场地不用弹性垫层。

四、篮球场地技术要求

首先划定施工区域，然后按照设计图纸场地找平下挖到设计深度，然后将场地内的底层压实，摊铺专用组方；最后再铺球场专用细沥青层（水泥等其他基础亦可）压实，四周混凝土方砖平道牙。

篮球场基础施工技术要求：

a. 斜度要求；

b. 沥青的铺设：最后的表层必须用高度细粒沥青；

c. 面层要求：沥青表面平整，平整度误差不能超过 3mm；

d. 去水系统：球场必须备有去水设施。

篮球场优势如下：

a. 具有很好的弹性；

b. 具有较大的摩擦力；

c. 色彩鲜艳，有多种颜色可供选择；

d. 具有极佳的耐磨性能；

e. 适用于各种气候环境，耐紫外线照射，颜色持久不褪；

f. 使用寿命长；

g. 维护保养便利。

第三节　田径场地的建设要求

学校田径场地规格及要求见表2-8。

表2-8　田径场地技术规格及要求

跑道规格	用地面积（m^2）	内沿半径（m）	一条弯道长（m）	一条直段长（m）	直道长（m）	两端余地（m）	两边余地（m）	道宽（m）	分道线宽（m）	分道（条）	跑道总面积（m^2）	半圆区总面积（m^2）	足球场面积（m^2）
400m	181×95	36	114.04	85.96	145	1.00	1.00	1.22	0.05	8	4648	4071.52	6189.12
	180×96	36.5	115.62	84.39				1.22	0.05	8		4185.40	6160.47
	179×99	37.898	120	80				1.22	0.05	8		4512.15	6063.68
	注：标准比赛场地设施布局；足球场、跑道、跳高和三级跳远、障碍水池（3.66m×3.66m×0.50m～0.70m）、掷标枪、掷铁饼、掷链球、撑杆跳、推铅球、跳高、110m栏或根据甲方要求设计场地设施布局。（如甲方要求不太明确，公司可设计1～3套图纸，供甲方选择，每套图纸的布局要用文字加以说明）												

续 表

跑道规格	用地面积（m^2）	内沿半径（m）	一条弯道长（m）	一条直段长（m）	直道长（m）	两端余地（m）	两边余地（m）	道宽（m）	分道线宽（m）	分道（条）	跑道总面积（m^2）	半圆区总面积（m^2）	足球场面积（m^2）
350m	156×73	29	92.05	82.95		1.00	1.00	1.22	0.05	6	3114	2642.09	4811.10
	156×74	29.5	93.62	81.38				1.22	0.05	6		2733.98	4801.42
	155×75	30	95.19	79.81				1.22	0.05	6		2827.44	4788.60
	155×76	30.5	96.76	78.24				1.22	0.05	6		2922.48	4772.64
	154×77	31	98.33	76.67				1.22	0.05	6		3019.08	4753.54
	154×78	31.5	99.90	75.10				1.22	0.05	6		3117.26	4731.30
	153×79	32	101.47	73.53				1.22	0.05	6		3217.00	4705.92
	152×80	32.5	103.04	71.96				1.22	0.05	6		3318.32	4677.40
	152×81	33	104.62	70.38				1.22	0.05	6		3421.21	4645.08
	151×82	33.5	106.19	68.81				1.22	0.05	6		3525.67	4610.27
	151×83	34	107.76	67.24				1.22	0.05	6		3631.69	4572.32
	150×84	34.5	109.325	65.67				1.22	0.05	6		3739.29	4531.23
	150×85	35	110.90	64.10				1.22	0.05	6		3848.46	4487.00
300m	136×65	25	79.48	70.52		1.00	1.00	1.22	0.05	6	2698	1963.50	3526.00
	135×66	25.5	81.05	68.95				1.22	0.05	6		2042.83	3516.45
	135×67	26	82.62	67.38				1.22	0.05	6		2123.73	3503.76
	134×68	26.5	84.19	65.81				1.22	0.05	6		2206.19	3487.93
	134×69	27	85.77	64.23				1.22	0.05	6		2290.23	3468.42
	133×70	27.5	87.34	62.66				1.22	0.05	6		2375.84	3446.30
	133×71	28	88.91	61.09				1.22	0.05	6		2463.02	3421.04
	132×72	28.5	90.48	59.52				1.22	0.05	6		2551.77	3392.64
	131×73	29	92.05	57.95				1.22	0.05	6		2642.09	3361.10
	131×74	29.5	93.62	56.38				1.22	0.05	6		2733.98	3326.42
	130×75	30	95.19	54.81				1.22	0.05	6		2827.44	3288.60
	130×76	30.5	96.76	53.24				1.22	0.05	6		2922.48	3247.64

一、田径场地画线

如图2–5所示。

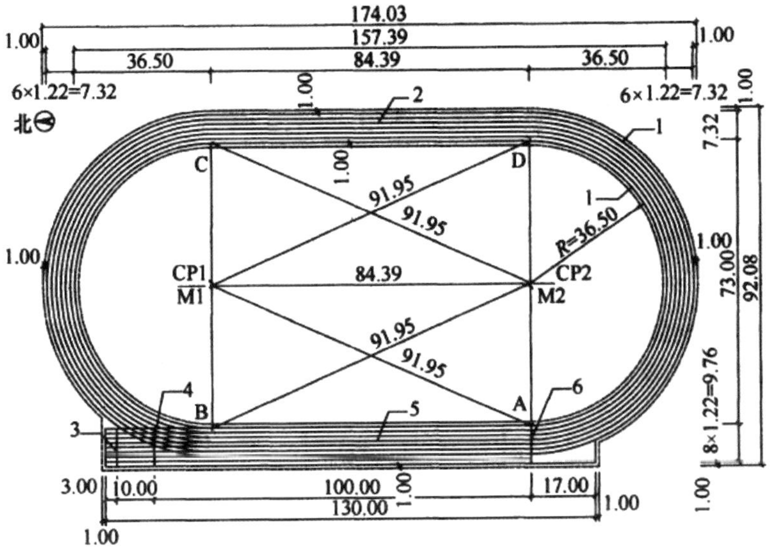

图2–5　学校400m跑道平面（m）

1—安全区；2—6条跑道线；3—110m栏起点；4—100m起点；5—8条直跑道；6—终点。

注：1. A、B、C、D四点在跑道内沿上；

2. CP1～CP2（M1～M2）的间距为84.39m+0.01m；CP1/M1～A或D和CP2/M2～B或C的间距为91.95m；

3. 图中标注的尺寸为有道牙的情况。

二、田径场地规格及填充高度明细

300～400m场地，如用地面积适当最好设计至少6～8条弯道，直道为6条、8条、10条（100m起跑线，110m栏起跑线。起跑区至少3m，缓冲区至少17m），见表2–9。

表2-9 田径场地规格及填充高度要求

跑道规格	用地面积（m^2）	内沿半径（m）	一条弯道长（m）	一条直段长（m）	直道长（m）	两端余地（m）	两边余地（m）	道宽（m）	分道线宽（m）	分道（条）	跑道总面积（m^2）	半圆区总面积（m^2）	足球场面积（m^2）
250m	114×53	20	63.77	61.23		1.00	1.00	1.22	0.05	4	1568	1256.64	2449.20
	114×54	20.5	65.35	59.65				1.22	0.05	4		1320.26	2445.65
	114×55	21	66.92	58.08				1.22	0.05	4		1385.45	2439.36
	113×56	21.5	68.49	56.51				1.22	0.05	4		1452.21	2429.93
	112×57	22	70.06	54.94				1.22	0.05	4		1520.54	2417.36
	112×58	22.5	73.63	53.37				1.22	0.05	4		1590.44	2401.65
	111×59	23	73.20	51.80				1.22	0.05	4		1661.91	2382.80
	111×60	23.5	74.77	50.23				1.22	0.05	4		1734.95	2360.81
	110×61	24	76.34	48.66				1.22	0.05	4		1809.57	2335.68
	110×62	24.5	77.91	47.09				1.22	0.05	4		1885.75	2461.27
	109×63	25	79.48	45.52				1.22	0.05	4		1963.50	2354.50
	108×64	25.5	81.05	43.95				1.22	0.05	4		2042.83	2241.45
	108×65	26	82.62	42.38				1.22	0.05	4		2123.73	2203.76
	107×66	26.5	84.19	40.81				1.22	0.05	4		2206.19	2162.93
200m	95×43	15	48.07	51.94		1.00	1.00	1.22	0.05	4	1274	706.86	1558.20
	95×44	15.5	49.64	50.36				1.22	0.05	4		754.77	1561.16
	94×45	16	51.21	48.79				1.22	0.05	4		804.25	1561.28
	94×46	16.5	52.78	47.22				1.22	0.05	4		855.31	1558.26
	93×47	17	54.35	45.65				1.22	0.05	4		907.93	1552.10
	93×48	17.5	55.92	44.08				1.22	0.05	4		962.12	1542.80
	92×49	18	57.49	42.51				1.22	0.05	4		1017.88	1530.36
	91×50	18.5	59.06	40.94				1.22	0.05	4		1075.22	1514.78
	91×51	19	60.63	39.37				1.22	0.05	4		1134.12	1496.06
	90×52	19.5	62.20	37.80				1.22	0.05	4		1194.60	1474.20
	89×53	20	63.77	36.23				1.22	0.05	4		1256.64	1449.29
	89×54	20.5	65.35	34.65				1.22	0.05	4		1320.26	1420.50
	89×55	21	66.92	33.08				1.22	0.05	4		1385.45	1389.36
	88×56	21.5	68.49	31.51				1.22	0.05	4		1452.21	1354.93
150	70×43	15	48.07	26.93		1.00	1.00	1.22	0.05	4	980	706.86	807.90
	70×44	15.5	49.64	25.36				1.22	0.05	4		754.77	786.16
	69×45	16	51.21	23.79				1.22	0.05	4		804.25	761.28
	69×46	16.5	52.78	22.22				1.22	0.05	4		855.31	733.26
	68×47	17	54.35	20.65				1.22	0.05	4		907.93	702.10

150～250m设计至少4条弯道、直道4～6条。场地设施按甲方要求设计布局或由公司设计1～3套图纸，供甲方选择，每套图纸要有文字说明。

注：非标准400m的田径场，第一条跑道长度：当有跑道牙时，其计算半径为R+0.30m；当没有跑道牙时，其计算半径为R+0.20m。

三、田径场地适用人造草规格

具体要求见表2-10。

表2-10 田径场地人造草规格

草丝材质	分特	草高mm	密度	颜色	充砂量kg/m^2	充胶粒量kg/m^2
聚丙烯（PP）	6600	25～30	20160～25200	红、白	24～32	/
聚丙烯（PP）（常规场地）	6600	28	20160	红、白	28	/

注：田径场地不用弹性垫层。

四、田径场地技术要求

见表2-11。

表2-11 田径场地、球场基础结构施工规范及工艺速查

运动场地标准基础结构施工规范及施工工艺	
跑道及半圆区基础建造（水泥）	下挖30～50cm：铺设150mm厚的碎石层（碎石粒径为30～80mm，石粉填缝）；100mm厚6%的石灰稳定层；PVC薄膜防潮层，材料采用PVC薄膜，用干铺法进行铺设；钢筋混凝土基础，混凝土强度为C20，厚度120mm，钢筋采用Φ6@300方式铺设，混凝土要原土抹平，平整度须用3m直尺测量，平整度误差在1～3mm内，误差面积之和不超过总面积的5%，表面不得有浮土沙、裂缝等现象。浇水保养3～4周，使混凝土达到强度要求；13mm厚的塑胶面层。
跑道及半圆区基础建造（沥青）	除40mm厚的粗沥青层、30mm厚的细沥青层，其同上。
人造草坪基础结构	同上：人造草的高度为25～30mm。
球场（水泥）基础结构	同上：面层按要求的厚度。
球场（沥青）基础结构	同上：面层按要求的厚度。
排水沟结构	1．排水沟土方开挖平均深1000mm，宽1000mm，水沟地基平整达到坡度要求，人工夯实； 2．底层铺设100mm厚6%水泥石粉垫层，再在其上铺设50mm厚C15混凝土层； 3．用M5水泥砂浆砌筑砖墙作排水沟，240mm厚，沟内5mm厚M2.5水泥砂浆抹灰，内壁净宽为300m； 4．水沟盖板采用500mm（长）×500 mm（宽）×70mm（厚）混凝土预制构件，内设6Φ8mm钢筋，盖板上设有一个250mm（长）×25mm（宽）泄水孔； 5．沉砂井位置底板比水沟底板低300mm，其宽度同水沟内净空，长400mm； 6．在水沟盖板上涂刷一层高分子防水材料，其作用是为防止水沟盖板的水汽上升而造成面层塑胶起泡。

第四节　网球场地的建设要求

一、网球场地画线

如图2-6所示。

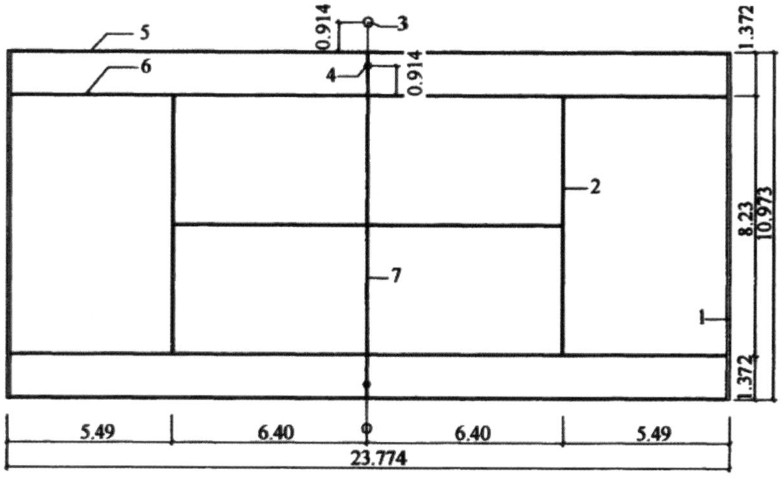

图2-6　学校网球场地平面（m）

1—端线；2—发球线；3—双打网柱；4—单打网柱；5—双打边线；6—单打边线；7—中线。

二、网球场地规格及填充高度明细

具体要求见表2-12。

表2-12　网球场地规格及填充高度明细

场地种类	长（m）	宽（m）	面积（m²）	白草面积（m²）	草高（mm）	用砂量（kg/m²）	用胶粒量（kg/m²）
网球场	23.77	10.97	260.7569	8～15	12～20	15～26	/
	23.77+（6.4缓冲X2）	10.97+（3.66缓冲X2）	668.1339				

三、网球场地适用人造草规格

具体要求见表2-13。

表2-13　网球场地人造草规格

草丝材质	分特（tex）	草高（mm）	密度（针/m^2）	颜色	充砂量（kg/m^2）	充胶粒量（kg/m^2）
聚丙烯（PP）、聚乙烯（PE）	6600～11000	12～20	25200～52500	绿色、白色	15～26	/
聚丙烯（PP）（常规场地）	6600	15	25200	绿色、白色	18	/

注：网球场地不用弹性垫层。

四、网球场地技术要求

国际网联和国家体委颁布的《网球竞赛规则》中规定，一片标准网球场地的占地面积不小于36.58m×18.29m。这一尺寸也是一片标准网球场地四周挡网或室内建筑内墙面的净尺寸。在这个面积内，有效双打场地的标准尺寸是23.77m（长）×10.97m（宽），每条端线后应留有不小于6.40m的余地，在每条边线外应留不小于3.66m的余地。

第五节　橄榄球场地的建设要求

一、橄榄球场地画线

橄榄球比赛场地为100m长、70m宽的长方形草地。球场两长边为边线，两短边为达阵线。达阵线线后方有一深10～22m的达阵区，该区底线为死球线。达阵线中央立有球门，门柱相隔5.6m，在高3m处有一横杆相连。

场地正中央与两端达阵线平行处画有一条中线，两边距离中线10m处各画有一条虚线，距离达阵线5m处也各画有一条虚线，距离达阵线22m处各画有一条实线，有时候会标明数字“22”以便识别。两侧距离边线5m处各画一条虚线，距离边线15m处各画数条短实线，如图2-7所示。

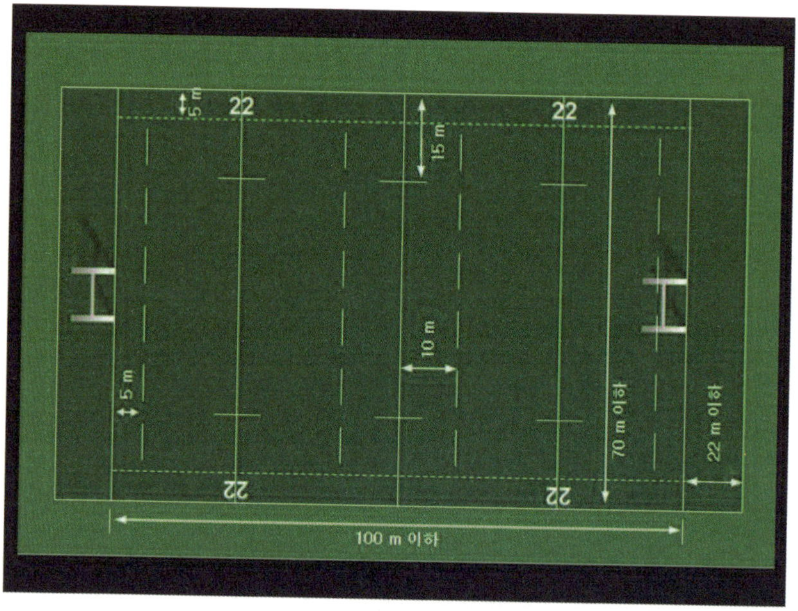

图2-7　学校橄榄球场地平面（m）

二、橄榄球场地规格及填充高度明细

具体要求见表2-14。

表2-14　橄榄球场地规格及填充高度明细

场地种类	长（m）	宽（m）	面积（m^2）	白草面积（m^2）	草高（mm）	用砂量（kg/m^2）	用胶粒量（kg/m^2）
橄榄球	100	70	7000	250～300	50～70	25～40	7～20

三、橄榄球场地适用人造草规格

具体要求见表2–15。

表2–15　橄榄球场地人造草规格

草丝材质	分特（tex）	草高（mm）	密度（针/m²）	颜色	充砂量（kg/m²）	充胶粒量（kg/m²）
聚乙烯（PE）	8500～12500	50～70	8190～12600	绿色、白色	25～40	7～20
聚乙烯（PE）（常规场地）	10000	60	10500	绿色、白色	25	20

注：橄榄球场地需用弹性垫层。

第六节　棒球场地的建设要求

一、棒球场地画线

如图2–8所示。

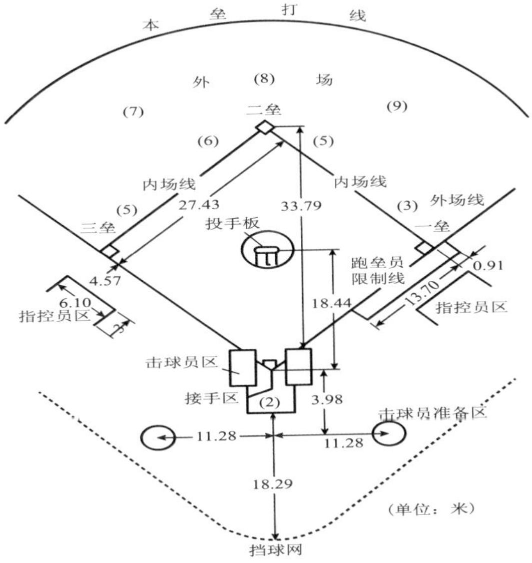

图2–8　棒球场平面示意

二、棒球场地规格及填充高度明细

具体要求见表2–16。

表2–16　棒球场地规格及填充高度明细

场地种类	长（m）	宽（m）	面积（m^2）	白草面积（m^2）	草高（mm）	用砂量（kg/m^2）	用胶粒量（kg/m^2）
棒球场	121.92	97.54	11892		50～60	30～40	5～10

三、棒球场地适用人造草规格

具体要求见表2–17。

表2–17　棒球场地人造草规格

草丝材质	分特（tex）	草高（mm）	密度（针/m^2）	颜色	充砂量（kg/m^2）	充胶粒量（kg/m^2）
聚乙稀（PE）	8800～11000	50～60mm	10500，10710	田园绿、柠檬绿、白色	30～40	5～10

四、棒球场地技术要求

（一）比赛场地

比赛场地是一个直角扇形区域，直角两边是区分界内地区和界外地区的边线。两边线以内为界内地区，两边线以外为界外地区，界内和界外地区都是比赛有效地区。界内地区又分为内场和外场：内场呈正方形，四角各设一个垒位，在同一水平面上在尖角上的垒位是本垒，并依反时针方向分别为一垒、二垒和三垒；内场以外的地区为外场。比赛场地必须平整，不得有任何障碍物，如图2–9到图2–11所示。

注：如果在规定的场地上有观众或障碍物时，应由裁判组根据情况制定临时或特定规则并通知比赛队。

图2-9　棒球场地

图2-10　棒球场地本垒、击球区

图2–11　棒球场地外场跑垒区

（二）场地大小

内场每边间距离为27.43m，投手板的前沿中心和本垒尖角的距离为18.44m，本垒后面和两边线以外不少于18.29m的范围内为界外的有效比赛地区。两边线至少长76.20m，两边线顶端连接线的任何一点距本棒球场尖角的距离都应不少于76.20m。

本垒尖角后18.29m处应设置后挡网，网高4m以上，长20m以上。场地周围设置围网，高度1m以上为宜。

注：1958年7月1日以后由职业球团建造的棒球场，两边线应至少延长至97.54m，本垒经二垒伸向中外场的距离至少达121.92m。根据我国场地情况，如有困难两边线长度可规定为91m，本垒经二垒伸向外场的距离可定为108m，本垒到后挡网和两边线到野传球线的距离可定为15m。

第七节　曲棍球场地的建设要求

一、曲棍球场地画线

如图2-12所示。

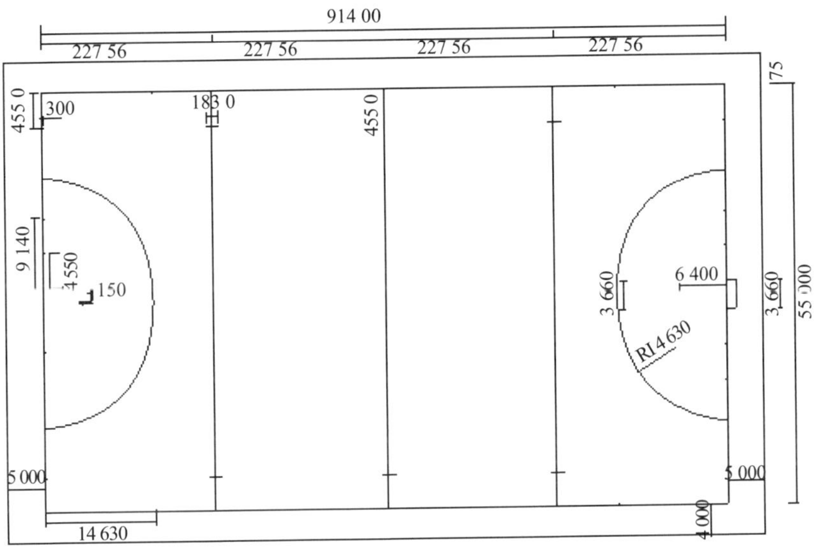

图2-12　曲棍球场地平面示意

二、曲棍球场地规格及填充高度明细

具体要求见表2-18。

表2-18　曲棍球场地规格及填充高度明细

场地种类	长（m）	宽（m）	面积（m^2）	白草面积（m^2）	草高（mm）	用砂量（kg/m^2）	用胶粒量（kg/m^2）
曲棍球场	91.4	55	5027	50～80	12～20	填水	/
	91.4+（2缓冲X2）	55+（1缓冲X2）	5437.8				

三、曲棍球场地适用人造草规格

表2-19 曲棍球场地人造草规格

草丝材质	分特（tex）	草高（mm）	密度（针/m^2）	颜色	充砂量（kg/m^2）	充胶粒量（kg/m^2）
聚乙烯（PE）卷曲丝	6600～10000	12～20	63000～80000	绿色、蓝色、白色	/	/
聚乙烯（PE）卷曲丝（常规场地）	7300	12	69000	绿色、蓝色、白色	/	/

注：曲棍球场地不用弹性垫层。

四、曲棍球场地技术要求

一套完整的曲棍球场地系统十分复杂，其中包括基础构造、场地设计、基础验收、喷淋系统、照明系统、围网等。

（一）基础构造

曲棍球场地的基础构造由上至下分别为人造草、橡胶粒软垫层、细沥青、粗沥青、级配碎石层、素土夯实密实度等。

（二）场地设计

据国际曲联及中国曲协公布的场地纵向、横向坡度及平整度要求标准，可作为曲棍球场基础排水坡度的标准。

1. 场地纵向坡度的要求

1级和2级国际标准：<0.2%；

1级和2级国家标准：<1.0%。

2. 场地横向坡度的要求

1级和2级国际标准：<0.4%；

1级和2级国家标准：<1.0%。

3. 场地平整度的要求

在任何方向放置三米长的侧面器或者直尺，表面在它们上方或者下方的最大偏离值必须符合以下数值：

1级和2级国际标准：≤6mm；

1级和2级国家标准：≤6mm。

注：务必不能有明显的高度差异且在接口和接缝处不能有裂缝和缺口，能接受的高度差异和裂缝、缺口最大值为2mm。基础和缓冲垫层的表面都应为最上层的草皮提供符合标准的条件，以保证平整度在任何时候和场地的任何位置都能达到要求。

第八节　高尔夫球场的建设要求

高尔夫打击笼规格为：高3m、宽3m、深3m，框架用钢管制成，网片为尼龙或其他材质的软丝线制成。

地面铺设高尔夫专用人造草坪，不用缓冲垫层，如图2-13到图2-15所示。

图2-13　高尔夫球场地（一）

图2-14　高尔夫球场地（二）

图2-15　高尔夫球场地（三）

就目前的发展情况来看，学校里面能够让学生进行高尔夫球实践的球场只能是以练习场地的形式出现，短距离模拟开球则可以采用室内电脑模拟和室外打笼模拟，前者配合摄像设备和电脑模拟分析，能更有效地提高教学效果。

第九节 幼儿园运动场地的建设要求

为了保证学前儿童的身心健康，开展教学和活动，我国各类幼儿园修造了幼儿运动场地。目前很多幼儿园的运动场地采用废旧的回收橡胶颗粒建造，这种场地气味大，多含有毒化学物质和重金属，对幼儿的健康和生长不利，严重影响孩子的身心健康。幼儿园人造草运动场地施工简便，经济耐用，有很好的安全保护功能，我们建议幼儿园在修造幼儿运动场地时，采用无填充橡胶颗粒的PE（聚乙烯）环保材质的人造草，运动场地柔软、环保、安全，既能很好地保护孩子们的身体不受伤害，又能美化幼儿园的环境，如图2–16到图2–18所示。

图2–16 幼儿园人造草运动场地

图2-17　幼儿园人造草跑道

图2-18　幼儿园人造草运动场地游戏活动区

幼儿园人造草坪介绍：

高度：20～35mm；

材质：聚乙烯；

形状：曲直丝；

基层要求：C25水泥混凝土/沥青基础层。

优点：

1. 幼儿园人造草坪可在各种基础表面安装，基础质量要求不高，不怕开裂，无起泡脱层之忧，既简单又经济；

2. 幼儿园人造草坪人造草维护简单，养护费用低，用清水冲洗即可去除污垢，而且具有不褪色、不变形的特点；

3. 人造草运动场地整体布局美观、使用率高，寿命可达5～8年，且耐用，易保养，可全天候持续使用；

4. 幼儿园人造草坪需用人造草环保材质施工，不需填充沙棘橡胶颗粒，工期短，验收简单，不需太多专业知识；

5. 人造草坪采取安全保护的理念，所以能避免运动伤害。它提供足够的缓冲力，降低一般硬地对脚部可能导致的损伤概率，减少因场地而引发的各种顾虑；

6. 基础不与面层粘接，当面层使用年限届满时仅需更换面层即可，再投资成本低；

7. 操场规划成一平面后，无任何不平处，且这种新型结构具有减震减压的功能，降低了操场上的噪音，减少了对上课的干扰。

第十节　体育健身器材场地的建设要求

学生做健身器材活动，时有受伤事故发生，为保证学生做健身器材活动时的安全，学校对健身器材安装和场地建设应作如下处理。

一、单、双杠等器材的安装要求

（一）单、双杠如果是直埋设计的，要按设计要求，做好水泥混凝土基础，以保证器材的牢固耐用。

（二）双杠如果是配重活动的，要把双杠配重底板埋在地面下，与地面齐平。

（三）其他健身器材在安装时，要把器材下的地面做减震处理后，再组装在上面。

二、健身器材场地的建设要求

（一）人造草坪场地

1. 用透水砖或沙质硬地，或三七灰土，或素土压实，把地面找平，周围要做围挡处理；

2. 在处理后的基础面上铺1cm厚的环保材质的弹性减震软垫；

3. 在减震垫上铺5cm高的优质环保人造草坪；

4. 在人造草坪内铺2cm的水洗中细砂（30～50目）；

5. 然后再铺1.5～2cm厚的弹性环保颗粒。

（二）其他材质环保合成材料弹性垫层

1. 材质必须环保，弹性适度。

2. 材料的厚度应在3cm以上。

3. 铺装方法：

（1）现场直接铺装；

（2）预制板材现场拼装；

（3）场地周边要做围挡处理。

第三章　学校人造草运动场地修建过程中的监控

修建优质的人造草运动场地，一定要在设计、监理、工程队、建设方代表的共同努力下才能完成。在上级主管部门的领导下，依以上各方成立工程指挥部，在工程建设中，各方人员要通力合作、相互帮衬、质量为上。从设计、施工组织、各分项工程监控做好详细的计划方案，公布墙贴，明示监督，共同严格把好质量关。

应对各项隐蔽工程施工严格把关，每项工程完工合格后，各方代表都要在检测单上签字。基础工程完工后，要通过国家质检部门的验收并取得合格证书后，才能进行人造草的铺装。人造草工程铺装完工后，通过权威专业组织的检测验收，取得合格证书后方可投入使用。

第一节　工程质量总体监控

派驻施工现场的专门机构，应认真做好质量控制工作，在施工过程中按照合同规定和规范的要求督促监理单位和施工单位严格履约，实现质量目标。

一、质量管理方针、方法、标准和工作流程

1. 工程质量管理实行“质量第一，预防为主”的方针。

2. 工程质量管理实行“计划、执行、检查、处理”（PDCA）的循环工作方法，不断改进过程控制。

二、设计图纸会审

1. 会审目的

了解设计意图，明确质量要求；将图纸上存在的问题和错误、专业之间的矛盾尽最大可能在设计会审之前解决；明确工程使用材料的经济性、便捷性；明确工程施工方法的合理性、科学性；确保设计内容符合学校要求。

2. 会审参加人员

学校主管领导、校方监管部门、施工方领导及相关技术人员。

3. 会审内容

（1）审查施工图设计是否符合国家有关技术、经济政策和有关规定；

（2）审查施工图的基础工程设计与地基处理有无问题，是否符合现场实际地质情况；

（3）审查建设项目坐标、标高与总平面图中标注是否一致，与相关建设项目之间的几何尺寸关系以及轴线关系和方向等有无矛盾和差错；

（4）审查图纸及说明是否齐全和明确，核对建筑、跑道、排水、围网、灯光等电气设备安装等图纸是否相符，相互间的关系尺寸、标高是否一致；

（5）审查平、立、剖面图之间关系是否矛盾或标注是否遗漏，图纸本身平面尺寸是否有差错，各种标高是否符合要求，与图纸的平面尺寸及标高是否一致；

（6）审查建设项目与地下构筑物、管线等之间有无矛盾；

（7）审查图纸中有哪些施工特别困难的部位，采用哪些特殊材料、构件与配件，货源如何组织；

（8）对设计采用的新技术、新结构、新材料、新工艺和新设备的可能性和应采用的必要措施进行商讨；

（9）设计中的新技术、新结构限于施工条件和施工机械设备能力以及安全施工等因素，要求设计单位予以改变部分设计的，审查时必须提出，共同研讨，求得圆满的解决方案。

4. 会审记录

对于会审内容由校方监管部门进行记录并经相关参与人员审阅后形成会审记录，发送给相关部门和人员并归档。由设计管理部负责与设计单位就相关意见进行沟通，并督促设计单位贯彻会审记录。

三、工程质量管理标准

1. 符合与材料设备供应商签定的合同及补充协议的约定和要求。

2. 符合经批准的设计施工图和技术文件的要求。

3. 符合工程建设各项规范和技术标准及政府部门有关质量管理的规章制度。

4. 保证按项目任务书、设计图、合同规定的数量和质量完成工程，顺利通过验收，交付使用，实现使用功能。

四、对建设单位的质量管理

1. 工程以招投标的方式发包给具有相应资质等级的勘察、设计、施工、监理和材料供应单位。

2. 不得迫使承包者以低于成本的价格竞标，不得任意压缩合理工期。

3. 向勘察、设计、监理、造价咨询、施工单位提供真实、准确、齐全的原始资料。

4. 不得明示或暗示设计和施工单位违反工程建设强制性标准，降低工程质量。

5．办理政府强制施工图设计文件审查备案，进行政府质量监督登记注册。

五、对勘察、设计单位的质量管理

1．考察选择勘察、设计单位，不仅要考察其资质等级、业务范围、质量能力及信誉，还要考察其过去工程的质量水平、技术水平、装备水平以及同类工程经验。

2．采用招标方法选择勘察、设计单位，多角度审查比选方案。聘请专门研究单位和专家对方案进行咨询研究和技术经济分析，最后选择优化的方案。

3．组织对设计工作进行评价、勘察，设计的质量标准需达到设计任务书要求和合同要求，设计文件清晰，直观明了，易于理解，各专业协调无矛盾，设计文件完整齐备，有相应的经济技术指标，设计成果正确，深度符合有关规定。

4．组织施工图会审和设计技术交底，甲方、勘察、设计方、监理方、施工单位、分包商、材料设备供应商均应参加，解决好他们之间的协调问题，充分考虑施工的可能性、便捷性和安全性。对容易产生质量通病的部位和环节，尽量优化细化设计做法，确保施工前所有设计文件都应是正确的，不能有任何疑问。

六、对监理单位的质量管理

1．依据监理委托合同将施工工艺、施工工序质量、建筑材料与设备质量的确认权与否决权，工程量与工程价款支付的确认权与否决权，工程建设进度和建设工期的确认权与否决权等管理权力授予监理单位，并对施工的质量承担监理责任。

2. 监督监理单位切实履行如下质量责任行为。

（1）监理单位资质，人员资格，配备及到位情况。

（2）监理规划、监理实施细则的审批和执行情况。

（3）对材料、构件、设备用于工程前进行复检审查的情况。

（4）见证取样的实施情况。

（5）对重点部位、重要节点、关键工序实施并执行国家相关标准的情况。

（6）质量问题通知单签发及质量问题整改结果的复查情况。

（7）组织分项、分部工程的质量验收情况。

（8）监理资料收集整理和工程质量评估报告情况。

七、对施工单位的质量管理

1. 认真选择施工承包商，在委托任务、商讨价格、签订合同时应注意考察其质量能力、信誉、技术水平、装备水平、管理能力，特别是项目经理、技术总工的经历、经验以及企业质量管理体系、以往工程的质量标准、企业等级、资信及企业形象等。

2. 严格执行公司招投标管理制度，要求各投标单位在投标文件中清楚说明质量保证体系中质量保证的措施和方法，由工程技术部负责对这些措施和方法的适用性、科学性、安全性进行审查，并以此作为选择承包商的依据。

3. 由合同管理人员负责在合同中明确规定甲方对施工质量拥有绝对的检查和监督权力，并应将工程施工质量责任落实到具体的施工单位，通过合同、委托书或任务单明确质量的要求，确定质量标准、检查和评价方法、奖惩办法。

4. 负责监督施工单位切实履行如下质量责任行为。

（1）施工单位、分包单位的资质，项目经理部管理人员资格、配备及到位情况，主要专业工种操作工人上岗资格、配备及到位情况。

（2）施工组织设计审批和执行情况。

（3）现场施工操作技术规程、规范、标准的配置和执行情况。

（4）按审查批准的施工图等设计文件及工程技术标准的实施情况。

（5）分部、分项、单位工程质量的试验检验评定情况。

（6）质量问题整改，质量事故的处理情况。

（7）对容易产生质量通病的部位和环节按作业指导书施工的情况。

（8）对分包单位的管理情况。

（9）施工技术资料的收集和整理情况。

5. 在工程实施过程中发现工期拖延、费用超支时，由工程部负责，首先考虑修改或制定周密的计划，防止施工单位以牺牲质量为代价赶工和降低成本。

6. 监督施工单位严格执行工序交接“三检”制度。执行上道工序不经检查验收不准进行下道工序的原则，每道工序完成后，先由施工单位自检、互检、专职检并签字送监理，会同甲方、设计、勘察经过现场检查或获取试验报告后签署认可意见方可进行下道工序。

7. 监督施工单位严格执行隐蔽工程检查验收会签制度，钢筋工程，悬挑工程、防水工程、上下水管、暗配电气线路等必须先由施工单位自检、互检、专职检并签字送监理，会同甲方、设计、勘察经过现场检查或获取试验报告后签署认可意见方可覆盖。

8. 监督施工单位严格执行施工设计变更和工程变更审批管理程序，施工单位提出变更必须以书面申请方式，经监理会同甲方、设计审核并就变更造价，工期达成协议后批准实施。由甲方、设计院、监理等提出设计变更，经与设计院、监理、造价咨询协商并与施工单位就变更造价、工期达成协议后通知施工单位执行。

9. 工程质量事故严格按程序处理，出现工程质量事故后，甲方、监理、设计院、施工单位按照原因分析、责任分析、商定处理措施或方案、处理实施、效果检查的程序进行，并对责任单位或个人按规定进行处罚。

10. 严格实行质量“一票否决”制度，出现下列情况之一者，由监理单位立即下令施工单位停工整改并拒付工程款。

（1）未经检验即进行下道工序作业。

（2）隐藏工程未经验收签字即覆盖。

（2）质量下降经指出不改或改正效果不好。

（3）采用未经认可或批准的材料。

（4）将工程转包。

（5）自行变更设计图纸要求。

11. 严格竣工验收程序：单位、单项和项目竣工验收在审核工程技术文件和整理建档的基础上严格按照政府质量监督程序实施。

第二节　基础施工监控

一、运动场基础施工内容

1. 基础处理：基土层处理。
2. 隐蔽结构：三七灰土、无机料、二灰碎石水稳层混凝土、混凝土。
3. 排水设施：内外排水沟、内外检查井、盲沟、暗管。
4. 给水设施：给水管道、给水阀门井，穿越沟路节点。

二、基础处理

（一）基土层的清理

1.基土层的处理依据设计的排水坡度把生活垃圾、有机物垃圾、植物及植物根系、虚浮表土清理干净，如果需要回填，要保证回填后总厚度不低于30～40cm；如果场地杂填土太深，不方便清理干净的话，则需要清理到一定深度，深度要求根据回填量确定，为了保证上部混凝土质量，需要保证回填土总厚度符合设计要求。

2. 常见通病：清理不彻底或清理深度不足，会导致整个场地受到冻融循环的影响很大，冬季冻涨，夏季松软变形，长时间的冻融循环，容易造成上部混凝土的断裂和沉降，甚至破碎，以至于把人造草面层破坏。

（二）特殊情况的处理方法

如遇到暗沟、深坑、泥塘等情况的时候，根据具体深度来判定处理方法。

1. 深度小于一米，需要用土夹石或沙石混合物分层回填夯实，土夹石每层厚度不大于40cm，沙石级配比例大约在1：1，每层厚度不大于30cm。

2. 深度大于一米，可以采用河卵石、地瓜石抛填，在表层60cm深度内，采用土夹石或沙石混合物回填。

（三）回填用料要求

1. 回填土可以采用土夹石、砂质粘土或无有机物粘土回填。

2. 土夹石回填需密实，石头粒径不大于30cm，每层厚度不大于40cm。

3. 砂质粘土和无有机物粘土回填，需分层夯实，每层厚度不大于30cm。

4. 夯实环切密度不小于95%。

5. 回填后保证场地表面的平整度及坡度符合设计要求。

三、隐蔽结构

（一）三七灰土层

按配比要求配料、压实，密度不小于95%。

（二）无机料、二灰碎石稳定层

1. 无机料、二灰碎石稳定层，需采用有资质的生产厂家提供的材料，其质量需符合国家二级公路用料的相关标准，压实密度不小于95%。

2. 碎石层不可以采用风化石和沙质石，保证之间密实无孔洞。

3. 碎石厚度根据图纸要求施工，保证整体平整度及坡度。

4. 碎石上部采用级配石子嵌缝找补和找平。

（三）水泥混凝土

1. 混凝土采用商品混凝土，满足强度要求。

2. 施工时，必须振捣密实，不可以出现蜂窝、狗洞等情况，表面为细拉毛，平整度要求4m靠尺小于6mm，1m靠尺小于3mm。

3. 施工时，竖向施工缝作为变形缝，混凝土强度达到设计的75%后，采用切割机横向切缝。北方寒冷地区的变形缝不得同混凝土层下的地面连通，以防冬天下雪后，雪水渗到土层冻胀引起面层变形。

4. 施工完毕后，保证混凝土表面无积垢、破损、龟裂、断裂等现象。

（四）沥青混凝土

1. 中粒式沥青混凝土层：本层厚4～5cm，沥青混凝土的配料必须符合国家行业有关标准，级配石直径为2cm，最好用摊铺机进行摊铺，摊铺温度控制在100度以上，成活在70度以上，要连续施工，压实密度达95%以上。

2. 石屑式（细）沥青混凝土层：本层厚3～4cm，沥青混凝土的配料必须符合国家行业有关标准，级配石直径不得超过1cm，摊铺方法及要求同中粒式沥青混凝土层，本层完工后，不能有车辙、硬结、凹沉、龟裂等现象，面层倾斜度应完全符合场地设计要求。铺完后，要每天洒水湿养护25～30天，将沥青中的杂质蒸发干透，便于后续施工。

四、排水设施

（一）排水设施包括内外排水沟、内外检查井、盲沟、暗管。

（二）常见问题。

1. 排水沟混凝土压顶，混凝土采用C15，不可以出现断裂和粉碎情况，保证盖板着力点平整。

2. 盲沟的碎石要有坡度，应规整，上部需覆盖土工布，保证排水及渗水通畅。

3. 暗管不可以有架空点，也不可以出现软硬基础交替情况。

五、给水设施

给水设施包括给水管道、给水阀门井、穿越沟路节点。

1. 给水管道材料选用国家标准的优质产品。
2. 给水管道路径有明显标志，以备日后检修。
3. 阀门井盖板上部覆盖物防止人员伤害。
4. 阀门井应采取冬季防冻措施。
5. 穿过沟、路位置的管道，采用镀锌钢管保护。

六、其他注意事项

足球门预留插入式预埋件，并保证无足球门时候的场地安全。

七、冬季施工应该注意的问题

1. 冬季施工主要考虑混凝土的养护、基土的防冻、面层的温度控制。
2. 连续三天最低气温在0～5℃的时候，建议停止施工。
3. 低温施工时，结构层及基础不可以被浸水。

第三节　铺装过程监控

一、人造草铺装施工过程控制要点及注意事项

1. 测量：按照人造草加工订货的图纸进行测量，复查尺寸。如测量实际位置与订货图纸不符，应按现场场地中心为基准，修正人工草坪铺装位置，保证草坪铺装的整体效果。

2. 定位：根据测量数据，定好各划线点位置，做好标记，保证下一道工序的正确进行。

3. 划线：依照定位的各点在基础表面划线，并根据定货图纸复查划线是否正确，如发现问题应立即纠正。

4. 上胶铺装：草坪的铺装接缝要用防水胶带粘牢，接缝处无缺陷，更不许有高低差，如发现应采用软垫层局部找平。

5. 按工艺要求进行注沙。

6. 修边：修边工序的任务是做好接缝边的修整，修边操作工来回检查接缝边，如发现新铺装的人工草坪接缝边有偏移、多边等现象，应进行裁剪并修整。

二、铺装时紧急情况的处理

1. 下雨：如果人工草坪铺装施工过程中偶然发生下雨紧急情况，应停止施工，并用遮雨布进行覆盖，确保胶水凝固时间。

2. 刮风：如果铺装施工过程中出现大风紧急情况，应立即停止铺装工作，如发现有杂物刮至涂胶的草坪底版中，应立即将杂物清除掉。

三、工程质量检验要求

1. 对草坪和所有材料的规格及质量进行检验核对。

2. 草坪铺设整齐，无凹凸不平现象，草坪接缝平直，黏坪牢固、不开胶。

3. 石英砂和橡胶铺设均匀。

4. 场地白线尺寸符合图纸要求，无扭曲现象。

5. 质检员及项目经理全程监督施工铺设的每一道工序。

四、工期保证措施

1. 做好施工前期各项准备工作：

（1）中标后，要求施工方、项目经理、工程技术人员进行现场勘察，与工程部协调确定进场要求、临电接入、材料放置、交通运输等事宜，充分做好前期准备工作。

（2）施工前一个月，要求项目经理及技术人员对正在施工的地基表层、坡度、平整度、密实度、边缘高度等进行检验。

（3）施工前10天，工程部对场地平整度、坡度、水沟盖板进行复检。

（4）施工前2天，要求项目经理、技术人员及各项主材料到位，做好生产、生活前期准备工作。

2. 项目组人员仔细阅读施工图纸，逐条讨论施工组织设计方案，合理安排工序步骤，设计若干选择方案，以备出现紧急情况，做应急方案，保证按时完工。

3. 施工方、工程部、项目经理三级管理，校领导及时听取进度汇报，采取有效措施，保障人员、设备、材料、资金的统一和协调，确保工程顺畅进行。

4. 项目组每晚讨论第二天工作的安排组织，落实每一道工序的施工及质检工作，合理安排和协调施工进程，保证沟通顺畅。

5. 积极主动协调和配合场地上的其他工程项目的施工。

6. 及时保持与施工方密切联系和沟通，保证工程顺畅、协调进展。

五、质量保证措施

为认真贯彻“质量第一”和“预防为主”的方针，精心组织，精心施工，坚持“谁施工谁负责”的原则制定以下措施。

1. 认真学习、熟悉设计图纸，领会设计意图，做好各项准备工作，严格按施工程序科学组织施工，做好逐级的技术交底工作，建立技术资料档案。

2. 严格按图纸和有关规划进行施工，贯彻施工组的自检互查制度，严格遵守有关验收规范和操作规程。

3. 严格执行验收制度，每道工序严把质量关，做好每道工序的报检工作。

4. 施工时，及时填写各种验收检查表、施工记录，收集各项技术资料，竣工后整理技术资料。

第四节　工程验收监控

一、验收依据

（一）GB 50099中小学校建筑设计规范（附条文说明）

（二）JGJ/T 280中小学校体育设施技术规程

（三）国家最新产品质量标准

（四）有关体育项目竞赛规则

（五）该场地的设计图纸及工程合同

二、验收范围

学校新建、改建的体育运动场地：

足球、篮球、橄榄球、曲棍球、垒球、田径跑道、网球场地等人造草运动场地。

三、验收程序

（一）由施工单位或使用单位向权威第三方专业验收组织机构提出验收书面申请，协商确定验收时间，同时提交以下资料：

1. 工程合同复印件、施工设计图纸和竣工图纸。

2. 各种原材料、半成品的合格证及检测报告。

3. 法定检测单位对该场地合成材料面层、人造运动草坪等面层材料的复试报告。

4. 法定检测单位对该场地基层的密实度、含灰量、混凝土强度等检测项目出具的检测报告。

5．人造草坪平整度、厚度、坡度、点位线等自检报告（必要时可由第三方验收机构出具）及相关资料。

6．基础工程的监理工作总结和竣工报告及相关资料。

7．人造草坪场地工程的监理工作总结和竣工验收报告。

8．经使用单位认可的施工单位提供的人造草坪的保质期和售后服务文件。

（二）资料审核

权威第三方专业验收组织机构组织专家验收组对提交的资料进行审核。

（三）现场验收

专家验收组对运动场地进行专业验收，验收内容如下。

1．竣工场地是否与提交的验收资料相符。

2．人造草坪的平整度、厚度、坡度、给排水系统是否符合技术要求。

3．人造运动草坪接缝是否牢固、色泽一致、整体性好。

4．人造草坪的控制点、点位线、标志点线是否清晰准确，是否与基础层粘合牢固并符合有关体育竞赛规则的规定。

5．人造草坪运动场地性能指标和使用要求是否符合技术要求。

6．人造草坪运动场地安全检查。

（四）验收结果

1．权威第三方专业验收组织机构向验收合格的人造草运动场地颁发合格证书和场地标牌。

2．专家验收组对不符合技术要求的运动场地提出存在问题和整改建议，待整改后进行再次验收。

四、验收技术要求

1. 人造草坪技术要求和施工规格见表3–1。

表3–1　人造草坪技术要求和施工规格

序号	项目名称	技术参数
1	草纤维类型（Type）	/
2	草纤维颜色（Color）	/
3	草纤维磅重（Dtex）	/
4	底背以上草高 （Pile length above backing）	/
5	针距（inch）	/
6	密度	/
7	底布	/
8	背胶	/
9	草纤维宽度	/
10	草纤维厚度	/
11	排水性	未填沙: 填沙：
12	色牢度	/
13	阜坪使用寿命	/
14	幅宽	/
15	样品规格	20cm × 30cm

2．从现场取样送到国家认可的专业实验室检测重金属含量。

3．足球场地人造草面层GB/T20033.3或GB/T20394标准检测验收。

4．外观：表面基本平整，无明显凹凸不平；密度均匀，无明显露针现象；无明显色差；草丝表面无明显胶斑，基本涂胶均匀，无破损现象；纵向、横向间距均匀，无明显歪线、跳线；草坪接缝平坦粘接牢固；草苗柔软舒适，富有弹性，有很好的安全性和抗践冲击性。

5．拉伸强度、连接强度：草坪底衬的拉抻强度以及连接处的连接强度均大于15N/mm。

6．渗水性：充砂前≥60L/min/m^2。

7．坡度：与场地长轴成直角方向的坡度不大于8‰。

8．平整度：局部地面不应凹凸不平，在3m直径范围内间隙不大于10mm。

9．排水：下雨停止后20分钟，草坪地面上不应有积水出现。

10．填充要求：草苗内填充无棱角沙粒，填充弹性环保性颗粒，铺撒要均匀，灌沙厚度到草苗高度的1/3，填充颗粒厚度到草苗高度的1/3，草苗高度剩余1/3。

11．标志线：标志线应清晰不反光，标志线可直接纺织在草坪内，也可现场裁缝，粘接而成，在接缝处要铺垫强力胶带连接或缝纫连接，不能直接粘在地基上。

12．所提供的人造草坪的耐酸、耐碱、耐有机物性能和阻燃性必须符合GB/T20394标准要求。

第四章　学校人造草运动场地的技术要求

不同的学校人造草运动场地，因场地功能特性不同，对场地自身所需的人造草的生产技术和材质也有不同要求。劣质的人造草常常过早老化，出现掉毛、草线脱离底布等情况，有的甚至形成斑秃，对学生和运动者的身体造成伤害，所以人造草的选择很重要。好的人造草环保安全，草线牢牢地固定在底布之上，不脱落，其色泽鲜艳一致，形象逼真，耐磨抗老化，能防霉、防滑、防水、防止运动员擦伤，在减震弹性垫层的作用下，草坪不板结，脚感舒适，寿命应在8年以上。

在修建人造草运动场地时，要依据不同的运动项目，选择优质适合的人造草，达到该项运动的最佳性能要求。

第一节　草纤维的技术要求

草纤维材质根据场地用途与性能要求的不同，主要可以分为聚丙烯（PP）、聚乙烯（PE）和尼龙（PA）三大类。

一、聚丙烯材质的优点

聚丙烯材料具有较强的耐冲击性，机械性质强韧，且化学性质稳定，有较强的抗有机溶剂和酸碱腐蚀性能，在工业界和日常生活中被广泛应用，是一种常见的高分子材料，同样也是用于人造纤维生产的主要原材料之一。使用聚丙烯为原料的草纤维具有强度高、硬度高、回弹性能好等特点，经长期踩踏不易变形，一般适用于如篮球、网球和田径跑道等对缓冲性能要求较低的运动型场地。视场地用途、性能不同，草纤维分特值一般在6600～11000 Dtex左右（图4-1），如在簇绒密度一致的前提下，这一数值越高意味着草纤维的重量越重、品质越高，草坪的运动性能也就越好。

PP6600网丝　　PP11000网丝

图4-1　聚丙烯草纤维

草纤维分特值越高，意味着纤维厚度越大，从而支撑性、耐磨损等性能也就越好。

聚丙烯材质草纤维的外观形态主要分为开网丝和卷曲丝两种（图4-2到图4-4），在本手册第一章中已做详细介绍，这里不再赘述。

图4-2　开网丝

图4-3　开网丝

图4-4　卷曲丝

聚丙烯材质网状丝的最大优点就是对填充物的包容性好（图4-5），网状相连的纤维能够牢牢地锁定石英砂和弹性颗粒，解决了局部使用频率较高如篮球、网球等场地的填充物运动位移问题，同时对填充物冲刷流失也起到了很大的改善作用。

图4-5　聚丙烯草纤维和填充物

聚丙烯材质卷曲丝适用于草丝高度较短、簇绒密度较高的人造草坪，例如高尔夫球、曲棍球等运动场地，如图4-6到图4-7所示。其优势在于能够解决草纤维倒伏方向不稳定的问题，大大提高草面的平整度，可以使得贴草滚动的球类各方向上保持应有的运动轨迹。另外，在非填充型人造草坪运动场地采用聚乙烯直丝与聚丙烯卷曲丝两种草纤维混合的簇绒方式，卷曲丝回弹后置于较高的直丝空隙间，以其良好的回弹性能代替弹性颗粒填充物，但减震效果与填充型人造草坪相比还尚有差距。

图4-6　曲棍球场

图4-7　曲棍球场地人造草纤维

除运动领域外，聚丙烯卷曲丝还被广泛使用在休闲景观草产品上，以其良好的回弹性可以模拟出天然土壤的疏松感，且不需要填充弹性颗粒，使人造景观草的施工工艺变得更加简易、降低铺装施工成本，如图4-8到图4-11所示。

图4-8　免填充（一）

图4-9　免填充（二）

图4-10　免填充（三）

图4-11 免填充（四）

二、聚乙烯材质的优点

相对于聚丙烯材料，聚乙烯产品具有更高的抗老化性、耐磨损性及耐低温性能，化学性质稳定，有较强的抗有机溶剂和酸碱腐蚀性能，是一种与我们日常生活息息相关的高分子材料，也是现阶段用来制作人造纤维最主要的原材料。聚乙烯草纤维具有表面光滑柔软、滑行阻力低等特性，是现今在解决运动员皮肤灼伤问题上最好的材料之一，能够对运动员的剧烈动作起到良好的运动保护作用，是高强度运动场地的首选。其适用于足球、橄榄球、曲棍球、垒球等场地（图4-12到图4-19），是一种综合性能优异的草纤维材质，视性能不同分特值一般在5000～16000 Dtex左右，这一数值越高同样意味着场地的运动性能越好。

图4-12 足球场

图4-13　橄榄球场（一）

图4-14　橄榄球场（二）

图4-15　橄榄球场（三）

图4-16　橄榄球场（四）

图4–17　棒球场（一）

图4–18　棒球场（二）

图4–19　棒球场（三）

由于聚乙烯材质的开网丝、切片单丝在使用一段时间后会出现严重的开叉和掉毛问题，倘若学生在运动过程中吸入鼻腔，会导致严重的呼吸系统疾病，所以已经逐步淡出了人造草坪市场。随着草纤维生产技术和原材料的不断更新，取而代之的是仿真度更高、使用更加安全的挤出型单丝草纤维，具有以下特点。

1. 外观形态与天然草极其相似，仿真度高，如图4-20到图4-21所示。

图4-20　PE单丝

图4-21　“U”型单丝

2. 采用一次成型的挤出工艺，草纤维边缘更加整齐，经长期使用不会出现开叉、掉毛现象，避免了对使用者造成吸入性伤害，如图4–22所示。

图4–22 曲棍球场

3. 随着叶片厚度增加使草纤维的耐磨损及抗老化性能大幅提升。

4. 表面更加光滑，具有更低的滑行阻力，解决了草纤维与皮肤摩擦时容易造成皮肤灼伤的问题。

三、尼龙材质的优点

尼龙材质最突出的优点是强度高、耐磨损、耐老化性能好，其次是它的弹性好，其弹性恢复率可媲美羊毛，因此尼龙可加工成细匀柔软且平滑的草纤维，并具有很好的耐腐蚀性，是一种高档的草纤维材料，一般用于制作高尔夫球果岭区及挥杆练习垫等产品，另外因其回弹性好，且耐老化性能优于聚丙烯卷曲草，在国外经常被用来替代聚丙烯卷曲草作为景观草中的弹性填充草，视用途不同分特值一般在4000～10000 Dtex左右，如图4–23到图4–30所示。

图4-23　果岭草（一）

图4-24　果岭草（二）

图4-25　果岭草（三）

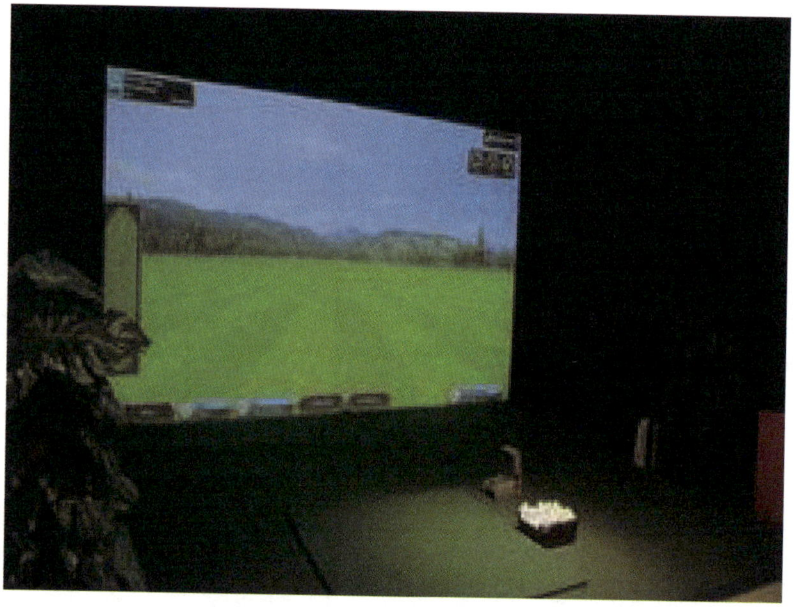

图4-26 室内练习场

图4-27 室外高尔夫球场（一）

图4-28　室外高尔夫球场（二）

图4-29　室外高尔夫球场（三）

图4-30　高尔夫练习馆

第二节　底布的技术要求

人造草坪底布是指位于草纤维底部用来固定草纤维的合成材料，是人造草坪三大组成要素之一，其质量的好坏直接关系到场地的耐久性和运动性能，好的底布可以承受-20～+50℃范围内的温度长达8～12年之久。人造草坪底布大体上可分为四类。

一、单层底布

通常由聚丙烯或聚酯纤维编织而成，具有较高的耐老化性、抗拉断性及抗撕裂强度。这类产品最主要的用途还是与其他类型的底布搭配使用，被视为人造草坪底布的“骨架”。若单独使用在草坪系统中，则是低预算草坪系统中最为经济的选择，同时也可以用于休闲景观产品，但在这里不建议将其单独使用在有运动性能要求的人造草坪场地上，更不适合用于3/16、5/32针距高密度人造草坪，如篮球、网球、曲棍球等场地（图4-31到图4-32）。常见底布检测指标见表4-1。

图4-31　单层底布（一）

图4-32　单层底布（二）

表4-1　常见底布检测指标

克重（g/㎡）	经纬密度（根/10cm）	拉断力（N）		伸长率（%）		收缩率%（132℃　20min）	
		经向	纬向	经向	纬向	经向	纬向
100	110×63	≥750	≥650	23±5	18±5	≤4	≤2
121	110×63	≥750	≥900	23±5	18±5	≤4	≤2
135	110×63	≥750	≥900	23±5	18±5	≤4	≤2

二、复合底布

为了增加对草纤维的束缚强度，在单层底布的基础上针刺复合无纺聚丙烯短纤纤维，以其良好的吸湿特性可以产生更高的胶乳吸收率，从而增加草纤维拔出力及产品厚实度，如图4–33到图4–34所示。复合底布检测指标见表4–2。

图4–33　复合底布（一）

图4–34　复合底布（二）

表4–2　常见复合底布检测指标

克重（g/m²）		经纬密度（根/10cm）	拉断力（N）		伸长率（%）		收缩率%（132℃　20min）	
PP层	复合层		经向	纬向	经向	纬向	经向	纬向
121	70	110×63	≥700	≥750	23±5	18±5	≤4	≤2
	100							
135	70	110×63	≥700	≥750	23±5	18±5	≤4	≤2
	100							

三、网格底布

网格底布主要用于与其他类型底布搭配使用，从而增强产品整体的抗拉断强度和抗蠕变性能。另外，网格底布在草坪涂胶过程中有助于增加胶乳的附着量，对提高草纤维束缚力也有一定的作用，如图4–35所示。常见网格底布检测指标见表4–3。

图4–35　网格布

表4-3 常见网格底布检测指标

克重（g/m²）	经纬密度（根10cm）	拉断力（N）		伸长率（%）		收缩率%（132℃ 20min）	
		经向	纬向	经向	纬向	经向	纬向
50	62×24	≥300	≥300	20～50	20～50	≤7	≤9
55	62×24	≥300	≥300	20～50	20～50	≤7	≤9

四、双层及多层底布

通常由一种或多种不同材质、不同用途的底布搭配而成，每层材质在整个系统中有着不同的作用，比如两层聚丙烯材质底布搭配可以大幅提高草纤维束缚力，且底布的抗拉断强度及抗撕力强度也会随之倍增，这类底布被国内外高端运动场地所认可，并符合国际足联二星场地相关要求，如图4–36到图4–39所示。

图4–36 人造草坪底布（一）

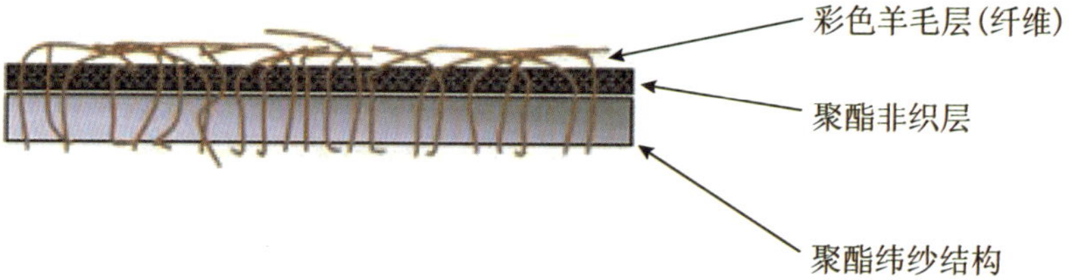

图4–37 人造草坪底布（二）

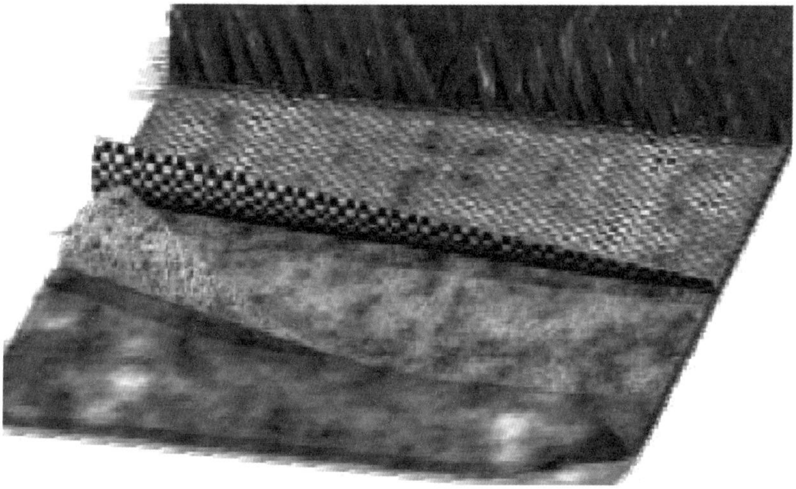

图4 38　人造草坪底布（三）

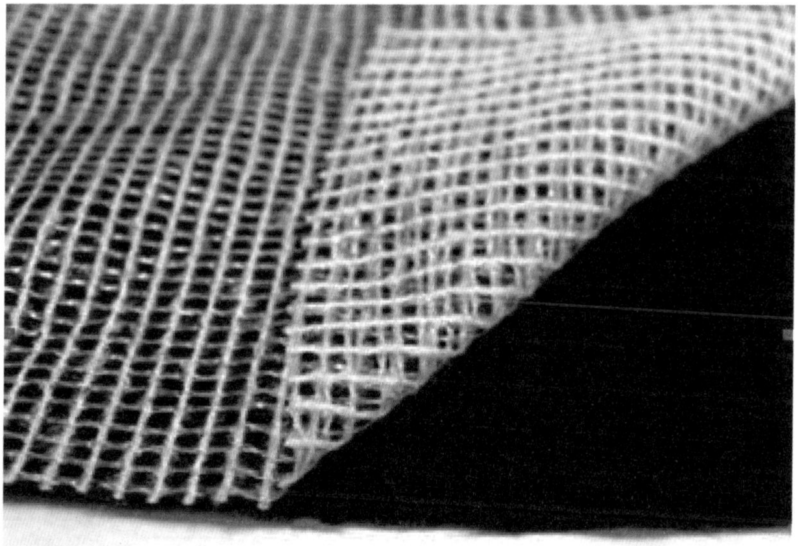

图4-39　人造草坪底布（四）

第三节　背胶的技术要求

在人造草坪的背胶工艺中，分为丁苯胶乳（SBR）背胶和双组聚氨酯（PU）背胶两种。

一、丁苯胶乳（水性）背胶

因其生产工艺简单、使用方便、价格较低，在国内被大量应用。但因水性背胶后的人造草坪及地毯的耐水性较差、外观及手感粗糙，所以PU背胶在国外被大量应用。国内人造草坪及地毯的部分领先企业，站在产业升级的高度，亦积极地应用PU背胶，如图4-40到图4-41所示。

图4-40　丁苯胶乳（水性）背胶（一）

图4-41　丁苯胶乳（水性）背胶（二）

二、双组聚氨酯胶乳背胶

全名为“聚氨酯双组份反应型粘合剂”，A组分为OH（羟基）部分，可以按照用户的要求添加各种颜色色浆（一般为黑色），B组分为NCO（异氰酸酯）部分，一般双组份的配比为4～8：1。聚氨酯双组份粘合剂固化后，会成为聚氨酯橡胶，具有非常优异的强度、耐水性及非常好的手感。在单位面积相同耗量下，草纤维束缚力远远超过丁苯胶乳背胶。另外，由于聚氨酯胶乳是由两种组分混合发生化学反应的固化过程，且其中不含水分，所以在背胶过程中不需很高的温度使其干燥，可以说是一种节能型环保胶乳，如图4-42到图4-43所示。

图4-42　双组聚氨酯胶乳背胶（一）

图4-43　双组聚氨酯胶乳背胶（二）

三、环保背胶

使用新一代环保聚烯烃胶系列材料，底部外观呈无色透明状，这种背胶可为人造草坪提供很强的草线束缚力、耐磨性和抗撕裂力，同时无毒无味无粉尘，不含重金属。采用这种背胶生产的人造草坪由于草线、底布、背胶属同一系列材料，相容性好，所以可以实现整体100%回收利用，经技术处理之后，可再生用于生产各类民用实用性塑胶制品，创造新的经济价值，这一环保可持续发展方向也是人造草坪未来发展的趋势。

第四节　弹性垫层的技术要求

人造草坪系统的结构如图4–44所示，其标准配置方案见表4–4。

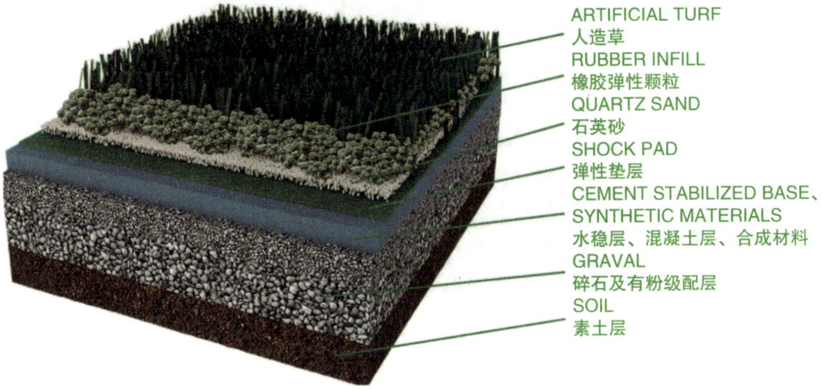

图4–44　人造草坪系统结构

表4–4　人造草坪标准配置方案

草丝高度（mm）	弹性垫层厚度（mm）	水洗石英砂		环保颗粒（kg/m^2）
		规格/目	填充量（kg/m^2）	
60	10～15	30～60	30～35	9～10
55			26～30	8～9
50			20～28	6～8
40			15～20	5～6

一、弹性垫层的作用

弹性垫层的使用会支持草坪系统达到天然草坪的性能和特点，达到最严格的FIFA QUALITY PRO、FIFA QUALITY的技术参数要求。弹性垫层可以让人造草坪系统保持持久的弹性，提高运动员的舒适度，保障运动员的安全。

二、弹性垫层的类型

1. 现场摊铺：用最新国标认证的环保橡胶颗粒（1～3mm）和PU胶水按照5：1混合比现场施工。

2. 预置型卷材：环保高弹性卷材。

三、弹性垫层的技术要求

见表4–5。

表4–5　弹性垫层技术要求

项目	要求
产品厚度	10～20mm
震动吸收	40%～60%
垂直变形	4～9
排水率	≥18000mm/h
防火性能	通过Class 2
环保性能	通过ROHS指令

四、弹性颗粒的作用

作为人造草坪的一种填充材料，颗粒不仅仅提供了更柔软的吸收震动的运动表面，使运动员不容易受伤，而且它们还具有更完善的运动特性，可以媲美顶级的天然草坪。颗粒完全满足安全和环保要求，允许运动员做出近似在天然草地上的加速、旋转、稳定控制及其他的躯干运动。颗粒的发展目标就是要使得人造草坪可以和天然草坪在性能方面相媲美，并使之达到FIFA的要求和标准。

（一）颗粒的品种

1．达到最新国标认证的环保的SBR橡胶颗粒；

2．EPDM彩色颗粒（含胶量≧20%，达到最新国标环保认证）；

3．TPE环保颗粒（不含壬基苯酚）；

4．天然材质（椰子壳）。

（二）技术要求

见表4–6。

表4–6　人造草坪弹性颗粒要求

产品尺寸	直径：1～3mm　长度1～3mm
产品密度	1.2～1.5kg/m^2
产品颜色	绿色或泥土色
老化性能	通过UV3000h
有机物含量	≥35%
气味	无刺激性气味
环保性能	通过ROSH指令

第五节　生产线和生产工序的技术要求

一、簇绒生产线

簇绒机（图4–45）主要分为进口设备和国产设备，进口簇绒机的优势在于安装了全自动的伺服电机电脑控制系统。它可以精确地控制草丝和基布的喂入以及针床的滑动，精确度达到千分之一，从而保证了草丝分布的均匀性及稳定性。但随着国产设备生产工艺的逐步改进和完善，现已完全可以达到进口设备工艺水平。

图4-45　簇绒机

从图4-46到图4-47可见，簇绒机是由绒纱架、输纱管、簇绒机构、检查与修织机构和成卷机构五个部分所组成。

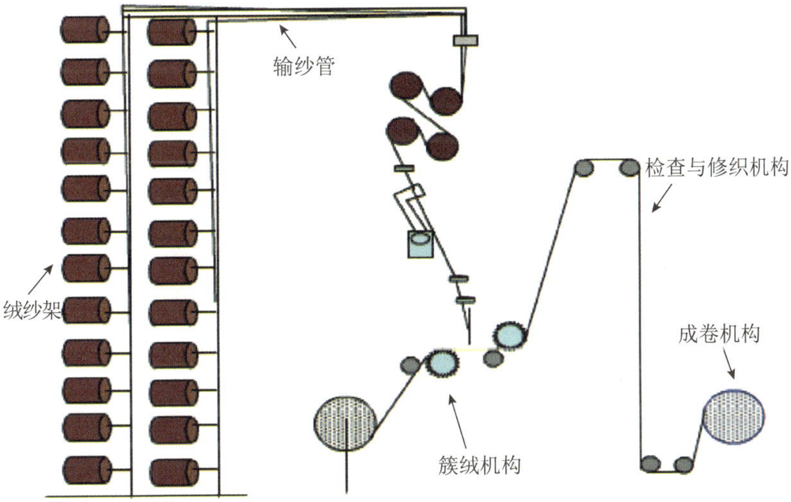

图4-46　簇绒机的一般构造及工艺流程（一）

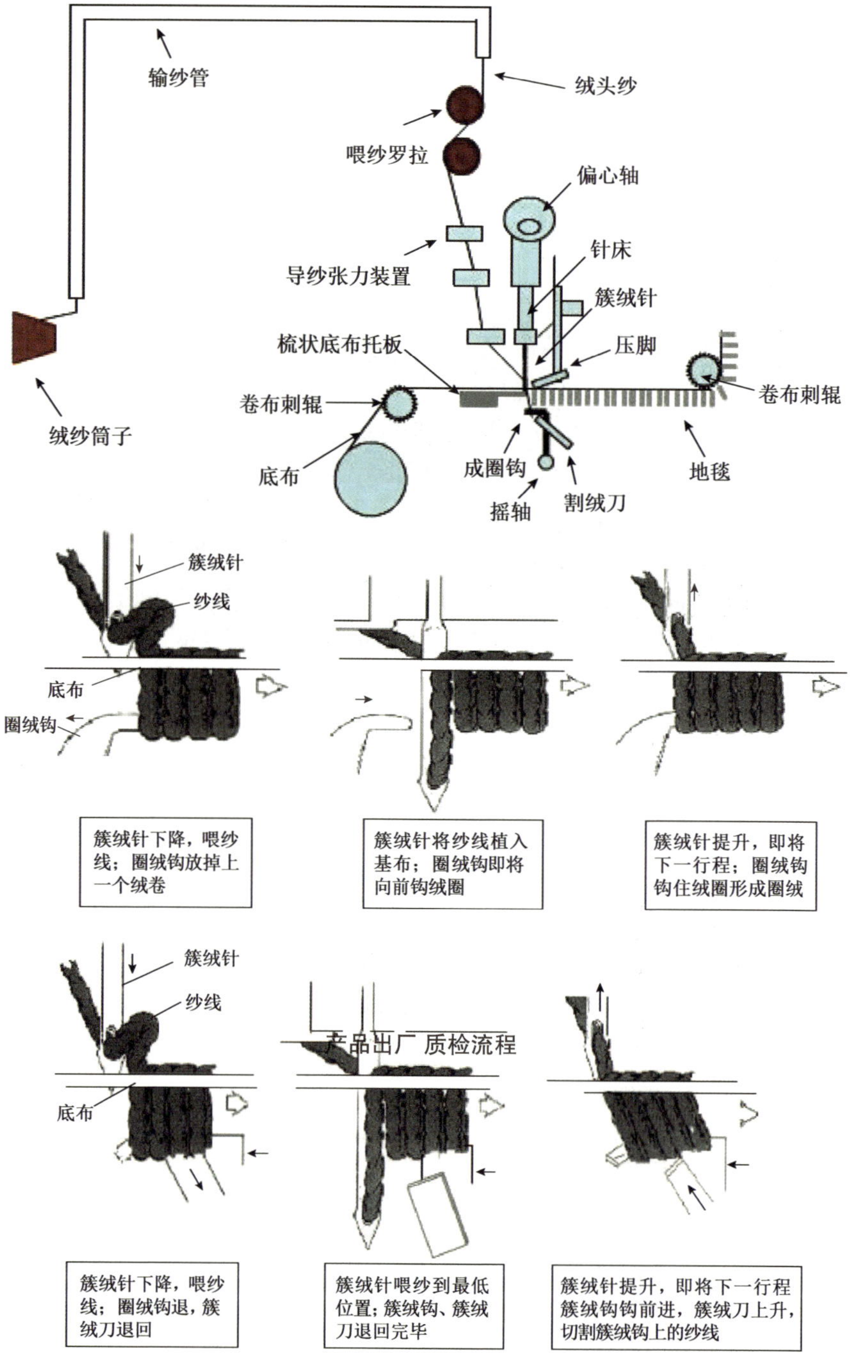

图4–47　簇绒机的一般构造及工艺流程（二）

二、背胶生产线

人造草坪进入国内市场之初，大多数厂家所采用的背胶工艺为草纤维底面朝下进入背胶线，并通过背胶槽两端的压辊压在舐胶辊上，配置好的混合胶通过泵打入胶槽中，利用舐胶辊的转动和胶辊与胶乳之间的粘度带起混合胶，施在地毯背面，多余的胶由安置在胶槽后面的刮刀刮除，背好胶的人造草坪在进烘箱前经过红外线预热，再通过烘箱彻底烘干，此种背胶工艺一般称为一次背胶，其主要优点主要有以下几点：

1. 对设备要求简单。

2. 背胶比较灵活，可根据生产的需要调节胶槽中胶量的多少。

3. 可以通过调节舐胶辊的转向、转速，压辊压力、刮刀的压力和角度获得合适的施胶量。

近几年人造草坪市场的竞争非常激烈，客户对于产品的要求也越来越高，在保证高性能的前提下，怎样尽可能地降低成本成为所有人造草坪生产厂家共同关心的问题。显然胶辊背胶无法完全满足客户的要求，其局限性主要体现在：

1. 背胶配方比较单一，无法针对坯毯的不同需求制定不同的配方。

2. 对某些材质底布的润湿性较差，影响了最终产品的拔出力和剥离强度性能。

3. 由于背胶设备的调整有限，舐胶辊的带胶量对混合胶粘度的依赖性较大，施胶量不易控制，对于一些填料量较高的配方容易形成填料的沉淀，影响背胶的均一性。

基于胶辊背胶的若干缺点，国外已经普遍采用了更为先进的发泡背胶工艺。顾名思义，发泡背胶与胶辊背胶的最大区别就是前者为了更好地控制施胶量，在背胶之前增加了一个发泡工序。坯毯的背涂，这也是采用发泡工艺的部分，我们称为直接涂胶。直接涂胶主要目的是润湿渗透底布，其配方中填料成分较高，粘度也比较大，胶乳中加入发泡剂，再经过发泡机发泡，发泡的机理是机械的气液混合，即在发泡头的高速转动下将定量的空气均匀的混合入胶乳中以达到合适的发泡率。其中发泡率根据生产的实际情况确定，其高低可通过进胶量和空气流量的多少加以调节。在具体的背胶生产线上，与胶辊上胶工艺不同，人造草坪底面朝上进入直接涂胶工序，发好泡的背胶通过一个与地毯行进方向垂直运动的施胶头打到地毯背面，由一个刮辊或刮刀将发泡胶乳均匀刮开，在地毯背面形成一层均匀的发泡层，进烘箱烘烤干燥成最终产品。由于发泡背胶时人造草坪草纤维面朝下，胶乳由于重力的作用自发朝下部即草纤维面渗入，提高了对草纤维的束缚能力，如图4–48到图4–52所示。

由于发泡工艺的以上优点，目前国外的绝大多数簇绒地毯生产厂家已经广泛采用此工艺代替传统的胶辊上胶工艺，工艺控制非常成熟。国内一些大型的人造草坪厂家也陆续采用并取得了良好的效果。基于未来人造草坪行业的规模性、高效性发展以及对成本控制的日趋关注，发泡工艺必将在不久的将来得到更多厂家的关注和推广。

图4–48　胶乳喷涂

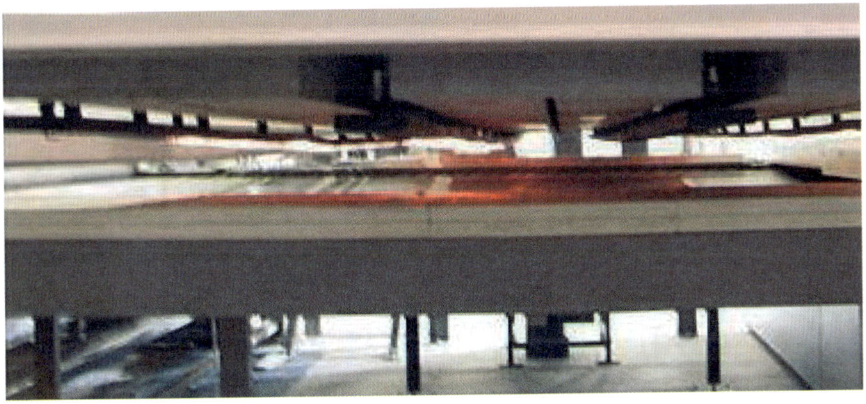

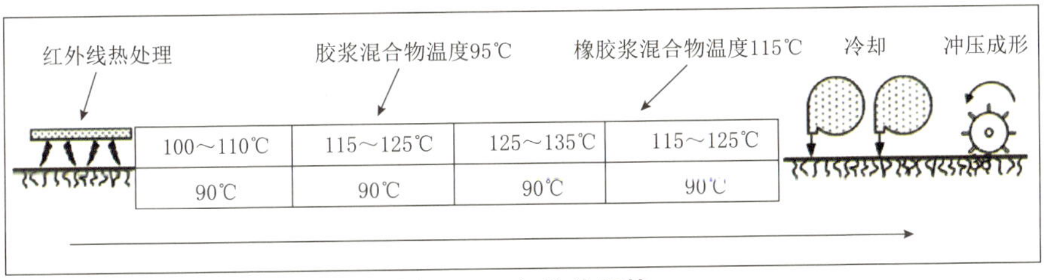

图4-49　红外线预热

图4-50　胶乳发泡工厂

三、生产工序

人造草纤维生产工序如图4-51所示。

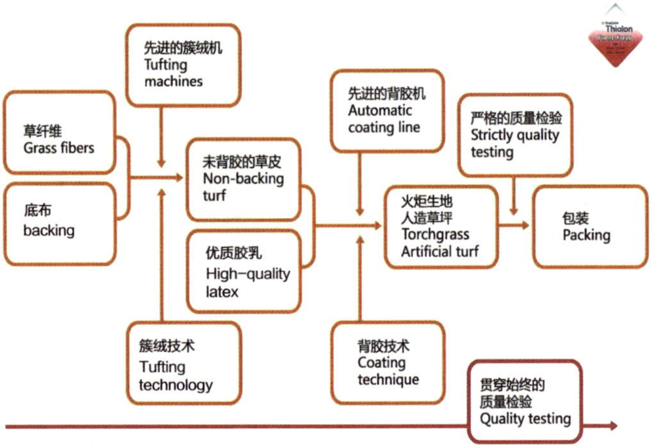

图4-51　人造草纤维生产工序

四、检测流程

人造草纤维检测流程如图4-52所示。

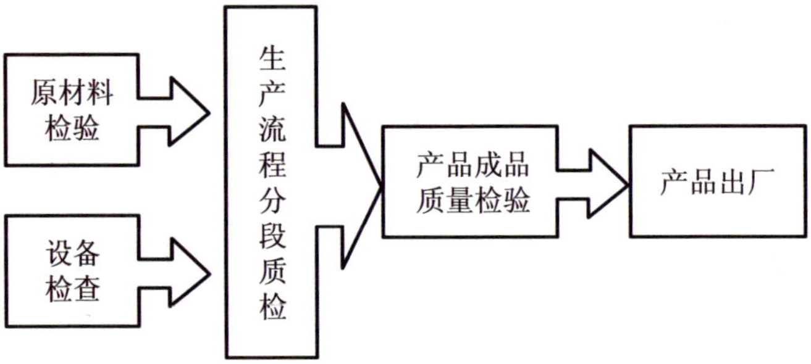

图4-52　人造草纤维检测流程

第五章　学校人造草运动场地基础的建造

人造草坪运动场地基础的建造对于场地的功能质量至关重要，场地基础的稳定性、平整度和排水性都会影响人造草坪运动场地的使用效果。人造草坪的基础结构现在并没有具体的标准规定，标准仅对基础建成后的一些技术指标提出要求，以确认可以进行下一步人造草面层的安装。实际应用中选择何种基础类型和排水系统更多地需要结合场地的功能要求、当地环境和经济条件等因素综合考虑决定。

承担学校人造草坪运动场地基础施工的单位应具备相应的施工技术与经验。施工前，应与设计单位确定工程设计图纸，编制施工组织方案，建立工程质量管理体系、安全生产管理体系及质量检验制度。施工过程中，如工程设计需要修改调整，应由原设计单位负责。施工单位应按照工程设计要求、施工技术标准和合同的约定，对材料、设备等进行检验，并确保场地基础的完成质量。只有在场地基础经验收合格后，方可进行人造草面层的安装。

第一节　场地基础的种类

一、碎石疏水基础

碎石疏水基础主要是由不同规格的各种集料按最佳级配原理建造而成。级配是指集料各级大小粒径颗粒的搭配情况，如果大小颗粒搭配得当，就会使混合料的空隙不断地被填充，使空隙率达到最小。这类基础的强度构成原则是密实级配原则，主要是由材料的摩阻力产生的强度，所以良好的级配对于整个场地的品质至关重要。

碎石疏水基础具有突出的透水性及一定的力学强度与回弹性能，同时造价较低，是欧美等国建造运动场地时较为普遍的选择，但由于级配掌握和施工工艺等问题使得这类基础在我国的应用中出现过较多的问题，目前选用此类基础的运动场地较少。

二、沥青混凝土基础

沥青混凝土主要包括普通型与疏水型两大类，是使用经人工选配具有一定级配组成的矿料（碎石或轧碎砾石、石屑或砂、矿粉等）与一定比例的路用沥青材料，在严格控制条件下拌制而成的混合料制成的场地基础。

沥青混凝土基础经久耐用，性价比较高，目前是我国体育场地基础使用较多的种类。沥青混凝土基础适用于大部分球类项目，包括足球场、网球场、橄榄球场、曲棍球场，其中曲棍球场地需使用疏水型基础，其他皆可使用普通型基础。

三、水泥混凝土基础

水泥混凝土是由胶凝材料水泥和水与粗、细集料及外加剂（可选）按适当的比例配合、拌和成混合料，经一定时间养护凝结硬化而成的人造石材。普通水泥混凝土中的粗集料一般用碎石；细集料一般指砂。水泥品种繁多，其基本分类方法是按主要化学成分分为若干大类，体育场地基础中最常用的是硅酸盐系列水泥混凝土基础。这类基础不易受损，使用寿命长，价格适中，也被广泛应用于多种人造草坪运动场。

四、其他材料基础（水泥石粉、透水砖等）

其他可用作人造草坪运动场地基础的种类包括水泥石粉、透水砖和三七灰土。水泥石粉基础作为一种半刚性基层，其特点是工期短，成本低，且透水性好。透水砖基础与常见的透水砖路面结构类似，具有良好的透水保水性且施工便捷。三七灰土基础是指石灰和土的体积比按照3：7的最佳比例建造而成的运动场地基础，密实度高的灰土基础具有较高的强度与较好的水稳定性。

另外，如有现场环境条件或经济条件的制约，而无法选择建造上述任何一种场地基础的情况，也可因地制宜，利用可以取得的资源和切实可行的方法来为人造草坪建造满足基本使用要求的场地基础。对于各类场地基础类型而言，需满足的统一要求包括：良好的强度和稳定性、保证排水效果的坡度、很好的平整度和密实度以及均匀坚实的基础表面。

第二节　施工图纸的设计

一、设计说明

学校人造草坪运动场地的设计应为教师与学生创造良好的教学、训练和比赛环境，同时根据我国各地区的气候和地理差异、经济和技术发展水平、学校规模和特点，因地制宜地进行设计。具体各运动项目的人造草坪场地设计要求可参照国家建筑标准设计图集08J933-1《体育场地与设施（一）》和行业标准JGJ31-2003《体育建筑设计规范》中的相应内容。

二、平面布置

以十一人制足球场为例，场地平面如图5-1所示。

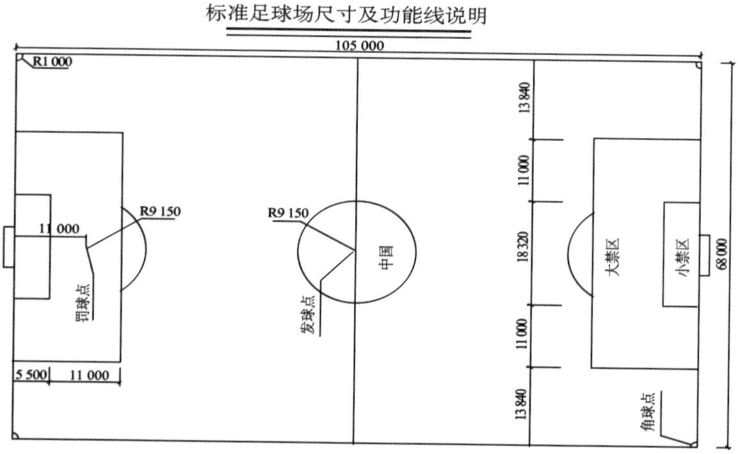

注：周边要有2～3m的安全缓冲区。

图5-1　十一制足球场地示意

七人制足球场场地平面，如图5-2所示。

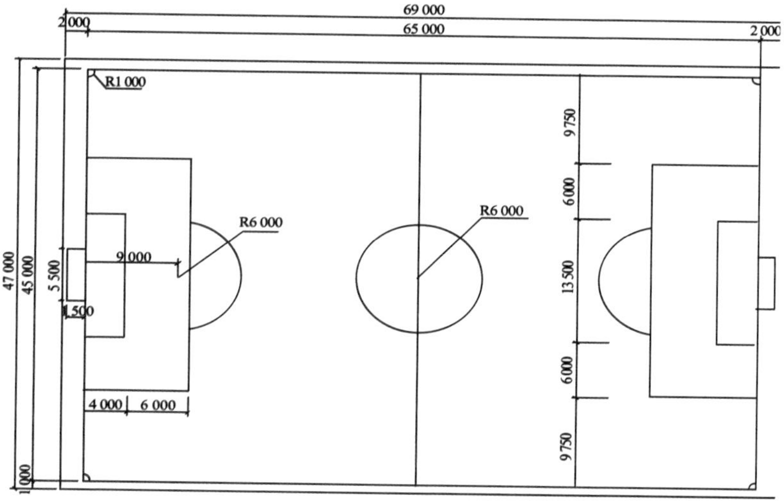

图5-2　七人制足球场地示意

五人制足球场场地平面，如图5-3所示。

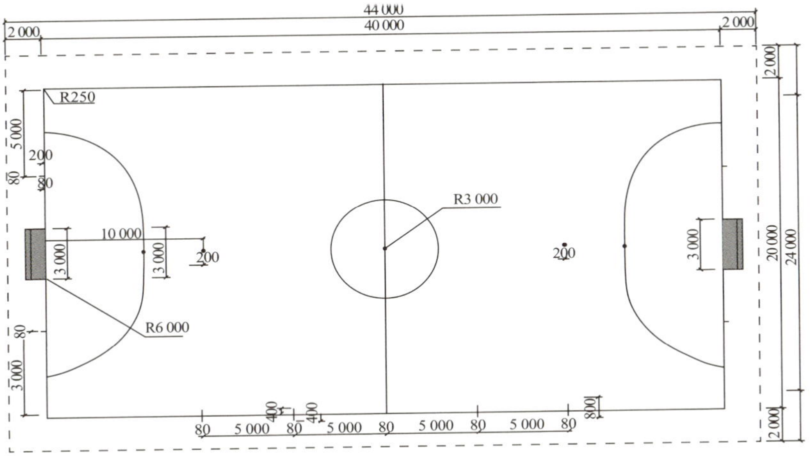

图5-3　五人制足球场地示意

三、地面铺设

以十一人制足球场为例，人造草坪运动场地面铺设如图5-4所示。

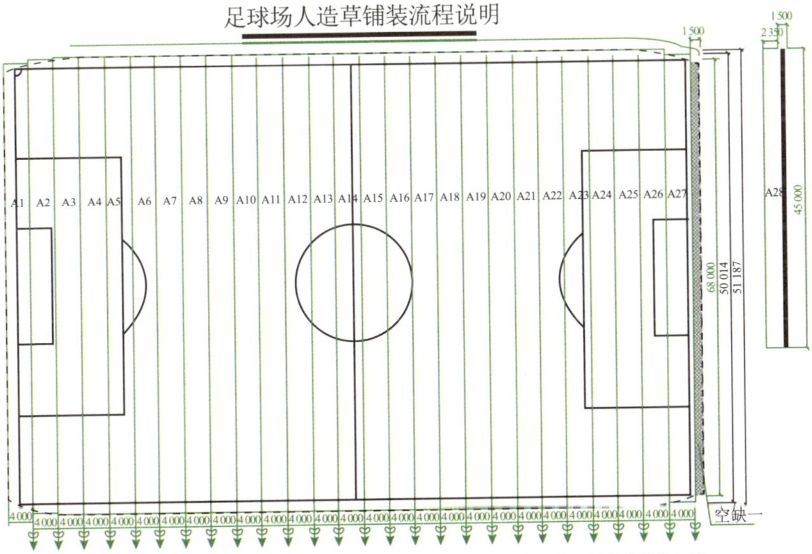

注：1．以此图为例，首先确定A1、A14、A27草皮的位置，以定下足球场的底线及中线；
2．定下三卷草皮的位置后，其他的草皮由中线向两边逐次展开；
3．草皮的规格克4 000mm为一定值，草皮之间的搭接宽度为20mm；
4．场地空缺的填充应保持草皮方向的一致性，以避免色差的出现；
5．拼接草皮时，以整体、美观的原则，尽量考虑使用大幅、少拼接的草皮来安装。

图5-4　十一人制足球场地草坪铺设示意

以五人制足球场为例，人造草坪运动场地面铺设如图5-5所示。

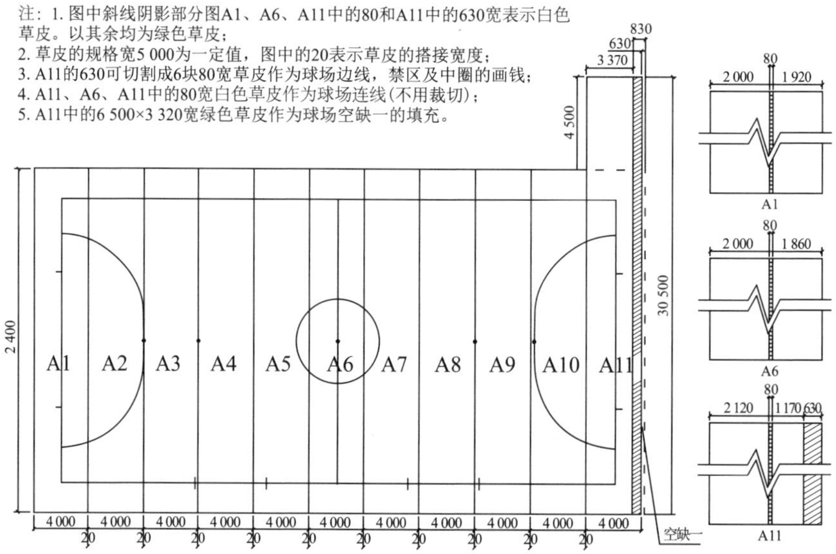

图5-5　五人制足球场示意

四、标桩平面及剖面

标桩平面布置及永久桩埋设剖面如图5-6所示。

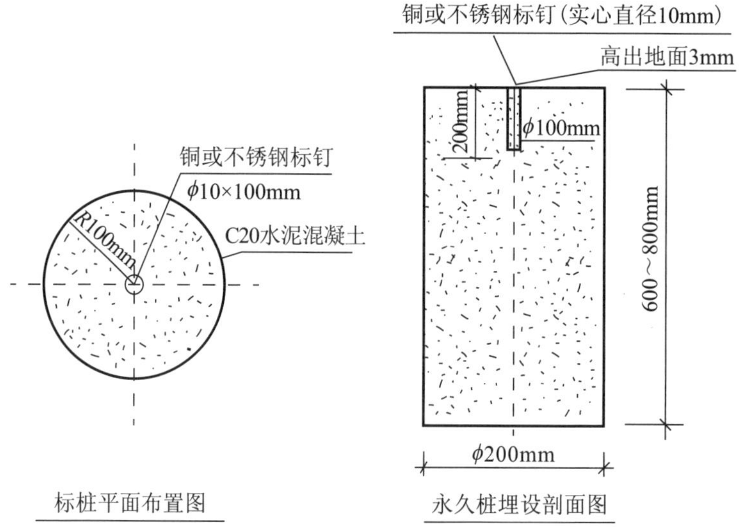

图5-6　标桩平面及剖面示意

五、标高平面布置设计要求

足球场地平面做成龟背式的，场地中心线处不能出现屋脊样设计，纵向中心线可设一个2米左右的平台。其排水坡度，根据我国不同地域的气候特点，设计为0.3%～0.8%，雨水少的地域坡度小一些，雨水多的地域坡度大一些。在足球场地周边要设计排水暗沟，以保证下雨后场地能及时使用。

六、排水沟平面及剖面

以十一人制足球场为例，人造草坪运动场地的排水一般采用“排渗结合”的方式。通常盲沟排水管的布置方式如图5-7所示。

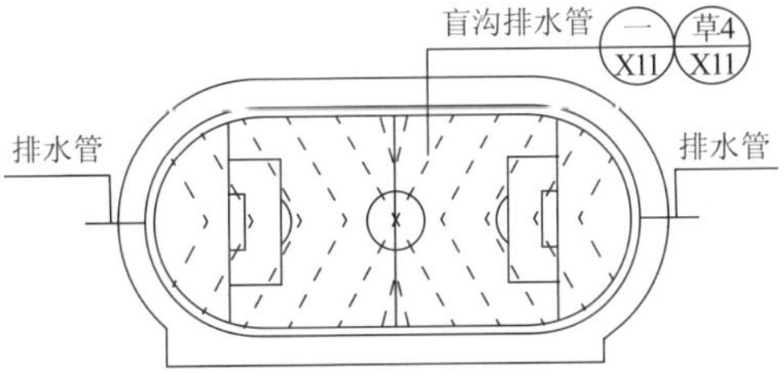

盲沟管道布置方式一

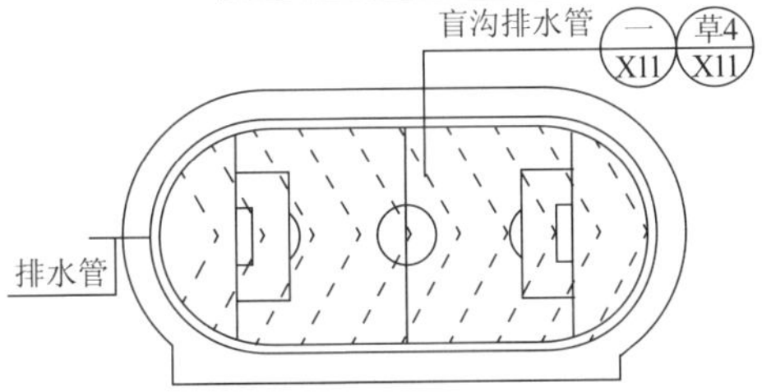

盲沟管道布置方式二

盲沟管道布置方式三

图5-7　盲沟排水管布置

曲棍球场的排水沟布置图如图5-8所示。

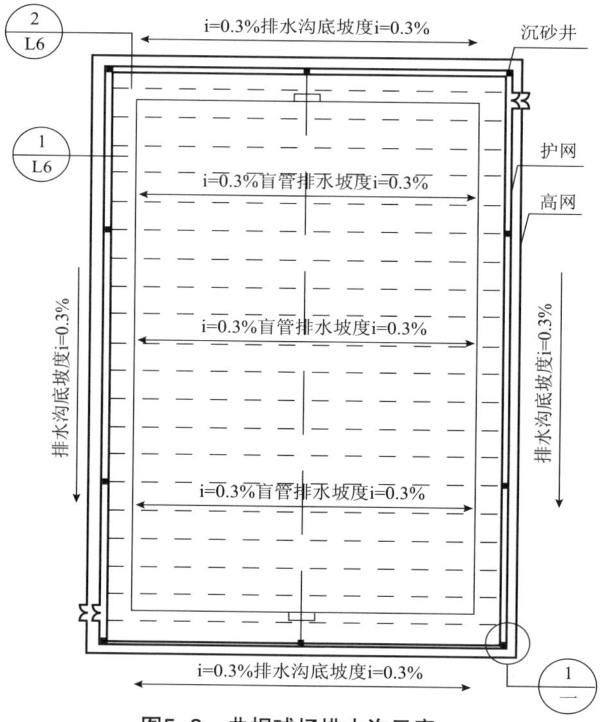

图5-8　曲棍球场排水沟示意

排水沟剖面如图5-9所示。

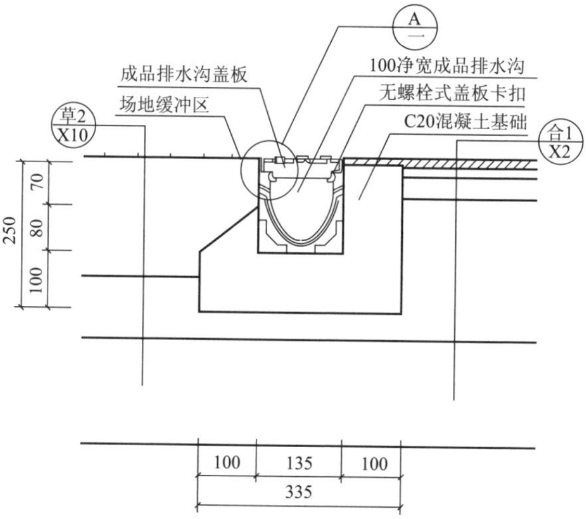

图5-9　排水沟剖面示意

七、喷洒范围平面及水井剖面

高级别的人造草坪曲棍球场地在使用前需要向场地均匀洒水，喷灌系统的喷洒范围平面如图5-10所示。

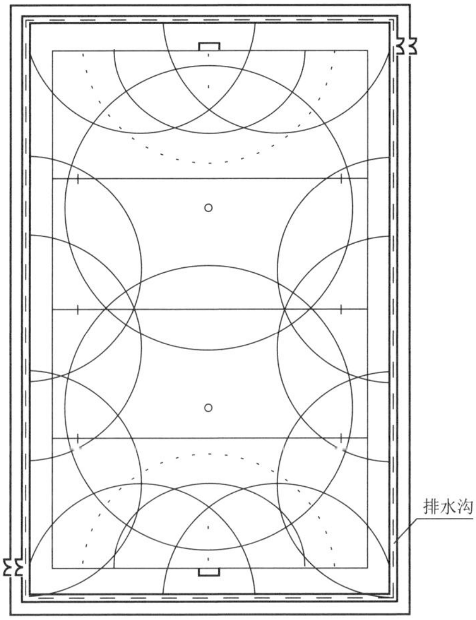

图5-10　场地自动喷洒示意

场边的集水井剖面如图5-11所示。

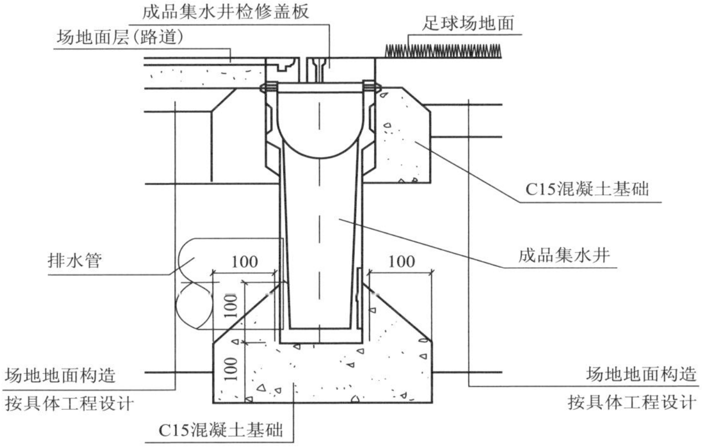

图5-11　场边集水井剖面示意

八、铁网墙平面及立柱剖面

以曲棍球场为例，围网立面如图5-12所示。

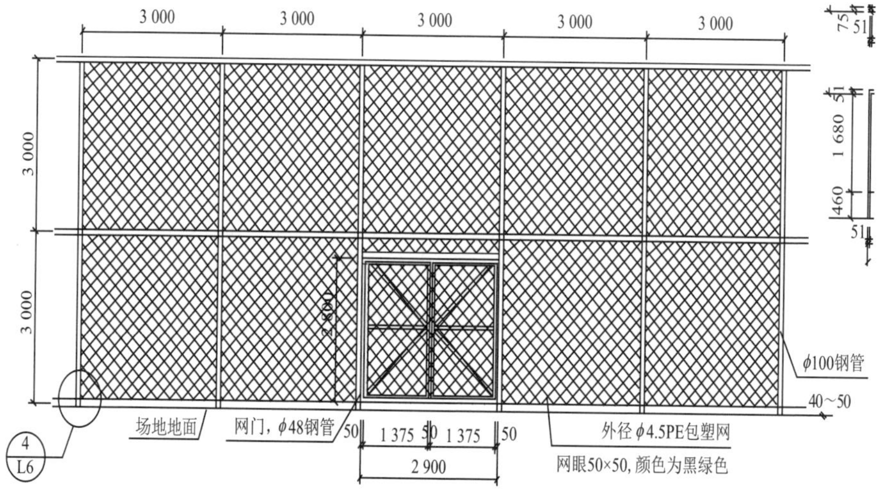

图5-12　围网立面示意

围网所使用的立柱剖面如图5-13所示。

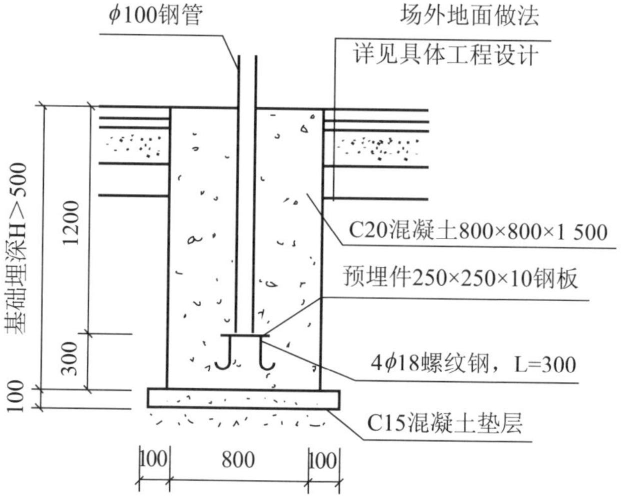

图5-13　围网立柱剖面示意

九、照明系统平面

以学校用室外人造草坪足球场照明布置为例，通常宜采用场地两侧或者场地四角布置方式。采用场地两侧布置时，灯具不宜布置在球门中心点沿底线两侧10° 范围内，灯杆底部与场地边线之间的距离不应小于4米，网球场地端线外不小于6.4米不大于7米，灯具高度宜满足灯具到场地中心线的垂直连线与场地平面之间的夹角 ϕ 不小于25°，如图5-14所示。

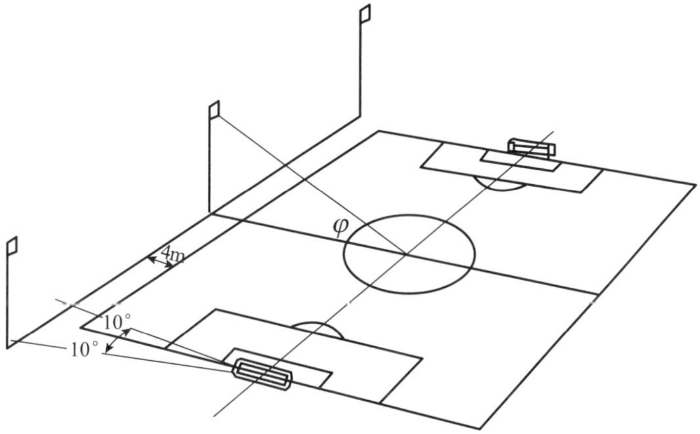

图5-14　照明布置示意（一）

采用场地四角布置时，灯杆底部到场地边线中点的连线与场地边线之间的夹角不宜小于5°，且灯杆底部到底线中点的连线与底线之间的夹角不宜小于10°，灯具高度宜满足灯拍中心到场地中心连线与场地平面之间的夹角 ϕ 不小于25°，如图5-15所示。

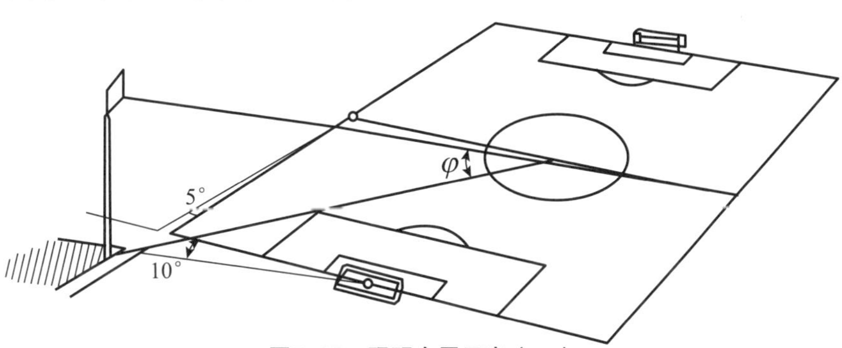

图5-15　照明布置示意（二）

第三节　施工图纸设计应注意的问题

一、体育运动场地排水坡度的问题

通常室外足球场的场地基础的排水坡度应该控制在0.3%～0.8%的范围内，人造草坪场地基础无渗水功能的坡度不大于0.8%，有渗水功能的坡度不小于0.3%。排水坡度的设计方式分为横向排水、纵向排水和四周排水三类，如图5-16所示。

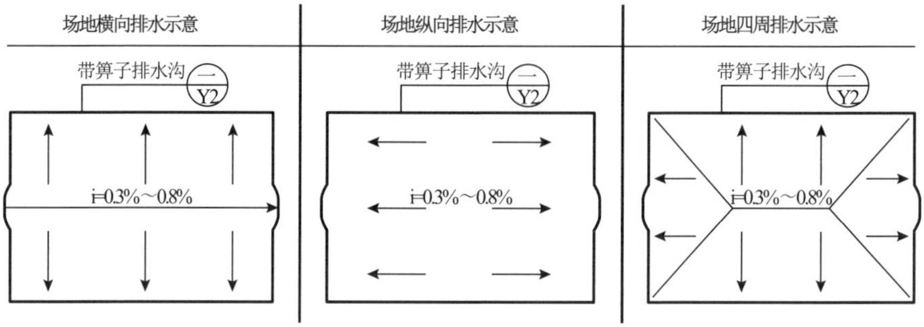

图5-16　场地排水坡度示意

根据运动项目的不同，排水坡度的要求与设计方式也有所不同，具体的要求可以参考国家建筑标准设计图集08J933-1《体育场地与设施（一）》和各个单项标准中相应的内容。

二、排水沟盖板的问题

一是排水沟作为±0.00的参照体，因而明渠砼盖板的平整度及规格，尤其是排水槽的位置（隐性排水槽），都直接关系到竣工后场地的平整与美观；二是体育工艺规范要求，基本上可以说这属永久性构筑体，因此其质量及强度必须保证；三是明渠砼盖板既作为道面标高施工的参照体，又作为道缘侧石挡住沥青及级配碎石层，碎石层及粗细沥青的施工需在盖板安装后才进行，这就要求盖板预制及安装的进度务必赶在碎石层及沥青层摊铺之前。同时，在此过程中必须注意以下几个问题。

1. 预制场地面一定要平整。

2. 模板应具有符合要求的刚度和强度，盖板孔需呈楔形且不宽于3cm，其形状规格的偏差<3mm。

3. 弯道处的盖板需用特殊模具制造，避免板间距过大，保证衔接紧密。

4. 钢筋不仅有出厂质量合格的证明书或试验报告单，而且运至工地后，应按有关技术标准的规定，进行外观的检查和机械性能的复查。

5. 绑扎成型时铁丝必须扎紧，不得有滑动、折断、移位等情况，绑扎搭接长度必须满足要求。

6. 批量预制前，应根据砂石含水量的实际状况做配合比的试拌，并做试块送检，确保其强度及质量符合设计要求后才能开始批量预制。严禁仅凭经验确定其沙石配合比及水灰比。

7. 预制过程一定要控制好拌和时间，振捣时一定要均匀，尤其是模板边缘，表面收光禁止撒灰。

当工程砼施工工程量比较小时，C20钢筋砼水沟盖板可以采用自搅拌混凝土进行施工，具体要求如下。

（1）C20砼需有水泥、骨料和添加剂的配合比试验报告。

（2）需做砼试压件并送检。

（3）配合比准确，现场用磅秤秤出每槽砼的水泥、砂石及防水添加剂用量；砼摊铺后用平板振动器振捣均匀密实。

（4）振捣找平后不加水泥粉，随手压光。

（5）混凝土需淋水养护。

三、场地尺寸不规范的问题

各项运动所使用的场地的尺寸与划线都有着明确的要求，具体的规定可以参考国家建筑标准设计图集08J933-1《体育场地与设施（一）》和各个单项标准中相应的内容。多功能运动场地的尺寸有一定的灵活性，可以依据场地的实际情况来进行规划设计，但是其中包含的各项运动所使用的区域仍需按照该项运动竞赛规则对场地尺寸要求进行划线，并按各项目竞赛规则对场地缓冲区的要求留出安全区域。学校人造草坪运动场地如果存在场地尺寸不规范的问题，会对教学效果以及演练技战术等造成一定的影响，长期使用这样的场地，可能会令使用者在尺寸规范的场地上训练和比赛时产生不适应感，从而影响运动员水平的发挥。

第四节　沥青混凝土基础的施工

一、现场施工监理

人造草坪运动场地的现场施工监理需根据国家法律和有关技术、经济法规和技术标准而订立施工合同文件及附件、设计文件、工程量清单及说明。由于基础的建造方法与公路的施工做法类似，所以可以参考《公路工程施工监理规范》（JTJ077-95）、《公路工程质量检验评定标准》（土建工程)（JTG F80/1-2004）、《公路工程技术标准》（JTG B01-2003）以及现行公路工程技术标准、规范。

二、基础施工方法及要求

（一）基础层和厚度的确定

基础层结构和厚度的确定需结合场地所处地域具体的地质与气候等环境因素综合考虑，地质与气候方面的资料可以从相关的地质与气象部门获取，如有必要，也可以进行实地的勘测来确定现场的水位、土质等信息。

根据上述资料，结合该类型场地基础的构造做法，最终完成工程设计。

（二）施工图纸

工程设计图纸由设计单位结合现场情况制作，并提供给施工单位。施工单位应按图纸安排施工，过程中如需调整施工方案，需与设计单位沟通并由原设计单位修改图纸，施工单位不得擅自修改工程设计。

（三）基础分层

如图5-17所示。

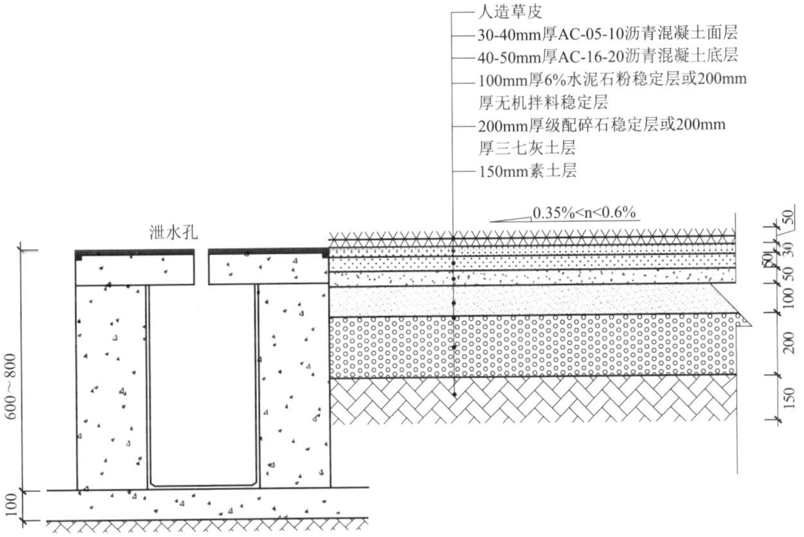

图5-17　沥青砼基础大样

（四）分项工程施工方法

天然基础素土平整压实层，素土层需碾压密实、平整，密实度不小于95%，平整度全场通线偏差不大于±20mm。

三七灰土层，三七灰土比率为3：7，灰土配合比为每立方米灰土0.24T左右生石灰、1.15立方米左右粘土称为三七灰土。

碎石铺垫层，200mm厚，碎石粒径15～25mm级配碎石层需分层摊铺，找坡，碾压密实，密实度不小于95%，平整度用4m（1m）压尺检测，偏差不大于6mm（3mm）。

水泥石粉稳定层，100mm厚，4.75～9.5碎石掺15%，9.5～26.5碎石掺85%，石屑掺5%，水泥含量8%。

中粒式沥青混凝土层，50mm中粒式石子尺寸为16～20mm，沥青熔点不小于48℃沥青混合物密度85%～89%，沥青-石子重量比为5%，沥青混合物密度85%～89%，沥青-石子重量比为5%，平整度用4m（1m）压尺检测，偏差不大于6mm（3mm）。

30mm细粒式沥青混凝土层，沥青层石子尺寸不大于10mm，沥青熔点不小于48℃沥青混合物密度85%～89%，沥青-石子重量比为5%，平整度用4m（2m）压尺检测，偏差不大于6mm（3mm）。

1. 施工前准备

（1）材料：工程所用的沥青、碎石、砂、矿粉等材料，需符合现行有关规范和设计文件要求，杜绝不合格材料进场。

（2）配合比设计：工程的沥青砼配合比应依据工程特点，采用4～5cm厚AC-16或AC-20沥青混凝土下面层，采用3～4cm厚AC-10沥青混凝土上面层，做出符合工程的筛分曲线，并进行目标配合比设计，然后依据目标配合比设计的技术参数，进行热料筛分。用马歇尔试验确定最佳沥青用量等步骤，最终形成符合工程特点及设计要求的正式生产配合比设计方案。

2. 前后场机械及人员配备

（1）前场机械：沥青摊铺机1台、12吨以上带震动压路机1台、小型压路机1台、水车1台。

（2）根据工程实际情况，可配备50T吊车1台、装载机1～2台。

（3）所有机械在开工前检查齐备完好，摊铺机拼装合理。

（4）前场施工人员配备：施工员2人、水准测量员1人、跟踪测量员1人、前场质检员1人。

3. 测量放样

测量员测量原地面标高并进行测量放样，采用移动式铝合金管材控制标高。

4. 清理及粘层、玻纤格栅施工

（1）将工作面清扫干净，清洗做到无泥、无尘、无积水。

（2）待工作面干燥后喷洒粘层油，粘层油喷洒采用洒布卡，喷洒的粘层油必须呈均匀雾状，在球场全宽度内均匀分布成一薄层，不得有洒花漏空或呈条状等现象，也不得有堆积。喷洒不足的要补洒，喷洒过量处应予以刮除。

（3）洒布粘层油后，进行土工布或玻纤格栅的铺设。玻纤格栅搭接为纵向搭接，搭接宽度不小于20cm，横向搭接宽度不小于15cm，纵向搭接应根据沥青摊铺方向将前一幅置于后一幅之上。玻纤格栅铺设时应保持其平整、拉紧，不得起皱，使其具备有效的张力，铺完之后再用干净的压路机碾压一遍，使其与原路面粘结牢靠。

5. 沥青混凝土面层施工

（1）沥青混合料搅拌：沥青应采用国家认证的企业，按照国家相关标准生产的配料。

（2）沥青混合料运输：运送沥青混合料应根据施工进度、运量和运距选配车辆，沥青混合料用自卸汽车运至工地。运输车辆应覆盖，运至摊铺地点的沥青混合料温度不宜低于130℃（改性沥青混和料不低于160℃）。

（3）沥青混合料摊铺：将摊铺机、压路机、装载机等施工机械如有需要，应用50T吊车吊入工作面。

（4）对摊铺机的完好性及拼装宽度进行检查。

（5）如料车不能进入工作面，可采用装载机布料。

（6）摊铺机在开工前0.5～1小时进行熨平板预热，预热温度不低于100℃。

（7）摊铺机需缓慢、均匀、连续不间断地摊铺，不得随意变换速度或中途停顿，以提高平整度，减少混合料的离析。当发现混合料出现明显离析、波浪、裂缝、拖痕等现象时，应分析原因，予以消除。

（8）根据混合料类型及试铺情况确定合适的松铺系数。摊铺过程中随时检测摊铺标高、厚度、路拱、平整度及横坡等几何尺寸。

（9）用机械摊铺的混合料，不宜用人工反复修整。当不得不由人工进行局部找补或更换混合料时，需仔细进行，特别严重的缺陷应整层铲除。

6. 混合料压实

（1）沥青砼的压实应按初压、复压、终压三个阶段进行。压路机应以慢而均匀的速度碾压。

（2）压实成型的沥青路面应符合压实度及平整度的要求。

（3）初压应在混合料摊铺后较高的温度下进行，并不得产生推移、开裂现象。压实温度应根据沥青品种、压路机类型、气温、摊铺厚度经试压确定。

（4）压路机相邻碾压带应重叠1/3～1/2轮宽。

（5）碾压时应将驱动边轮面向摊铺机，碾压路线和方向不应突然改变，以免导致混合料移位。

（6）复压应与初压紧密衔接，控制复压温度。

（7）对于压路机无法达到的边角处，应及时进行人工压实。

（8）终压采用双钢轮压路机静压，速度控制在2～3km/h，表面要求无轮迹。

7. 接缝处理

当单个球场面积不大时，尽可能采用热接缝。

8. 施工中的质量控制

（1）在整个施工过程中混合料温度严格按照规范控制。

（2）摊铺、碾压过程中跟踪测量员和质检员时刻检测标高、厚度、平整度、压实度，出现问题随时纠正。

第五节 水泥混凝土基础的施工

一、现场施工监理

人造草坪运动场地的现场施工监理需根据国家法律和有关技术、经济法规和技术标准而订立的施工合同、监理合同文件及附件、设计文件、工程量清单及说明。由于基础的建造方法与公路的施工做法类似，所以可以参考《公路工程施工监理规范》（JTJ077—95）、《公路路基施工技术规范》（JTGF10—2006）、《公路水泥混凝土路面施工技术规范》（JTGF30—2003）、《混凝土质量控制标准》（GB50164—2011）以及现行公路工程技术标准、规范。

二、基础施工方法及要求

（一）基础层结构和厚度的确定

基础层结构和厚度的确定需结合场地所处地域具体的地质与气候等环境因素综合考虑。地质与气候方面的资料可以从相关的地质与气象部门获取，如有必要，也可以进行实地的勘测来确定现场的水位、土质等信息。根据上述资料，结合该类型场地基础的构造做法，最终完成工程设计。学校用人造草坪运动场地基础水泥混凝土基层的建议厚度为120～200mm。

（二）施工图纸

工程设计图纸由设计单位结合现场情况制作，并提供给施工单位。施工单位应按图纸安排施工，过程中如需调整施工方案，需与设计单位沟通并由原设计单位修改图纸，施工单位不得擅自修改工程设计。

（三）水泥混凝土基础分层

如图5–18所示。

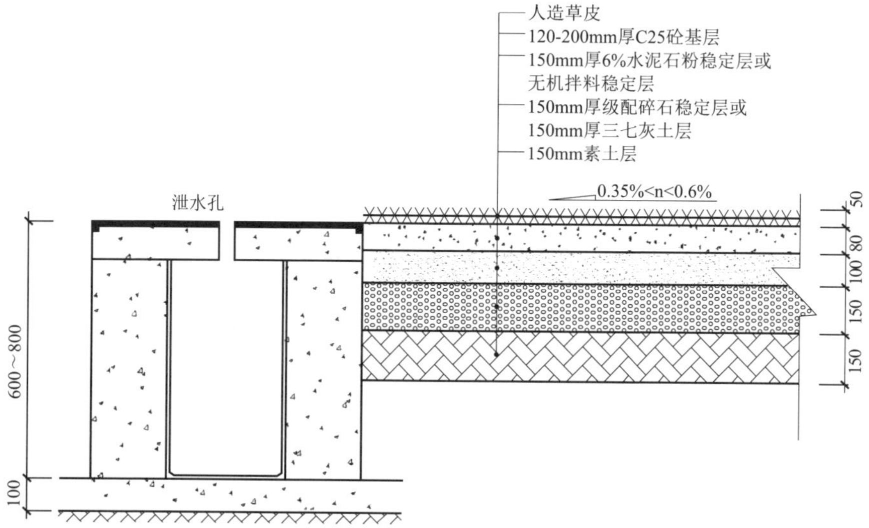

图5–18　混凝土基础大样

（四）分项工程施工方法

天然素土压实层天然基础素土平整压实层，素土层需碾压密实平整，密实度不小于95%，平整度全场通线偏差不大于±20mm。

水泥石粉稳定层，150mm厚，4.75～9.5碎石掺15%，9.5～26.5碎石掺85%，石屑掺5%，水泥含量8%。

水泥混凝土层，选用强度等级为C20～C25的商品混凝土，浇筑厚度为120～200mm，其中水泥等主要材料必须通过物理性能测试后方可使用。每6m设置一条5mm的伸缩缝，伸缩缝可切割做成，用沥青沙灌注，切割深度约为水泥厚度的三分之一，不得切透。

1. 准备工作

（1）大体积混凝土的施工技术要求比较高，特别在施工中要防止混凝土因水泥水化热引起的温度差产生温度应力裂缝，因此需要从材料选择、技术措施等有关环节做好充分的准备工作，以保证混凝土浇筑顺利施工。

（2）材料选择工程采用商品混凝土浇筑。

粗骨料：采用碎石，粒径5～25mm，含泥量不大于1%。

细骨料：采用中砂，平均粒径大于0.5mm，含泥量不大于5%。

2．混凝土配合比

（1）混凝土采用搅拌站供应的商品混凝土，因此要求混凝土搅拌站根据现场提出的技术要求，提前做好混凝土试配。

（2）混凝土配合比要按照国家现行《混凝土结构工程施工及验收规范》《普通混凝土配合比设计规程》及《粉煤灰混凝土应用技术规范》中的有关技术要求进行设计。

3．现场准备工作

（1）进行隐蔽工程验收。

（2）应与建设单位联系好施工用电，以保证混凝土振捣及施工照明用。

（3）管理人员、施工人员坚守岗位，各负其责，保证混凝土连续浇灌的顺利进行。

4．大体积混凝土温度和温度应力

规范规定，对大体积混凝土的养护，应根据气候条件采取控温措施，并按需要测定浇筑后的混凝土表面和内部温度，将温差控制在设计要求的范围内；当设计无具体要求时要按现行国家相关规定执行。

5．大体积混凝土施工

（1）混凝土采用商品混凝土，用混凝土运输车运到现场，采用混凝土输送泵浇筑。

（2）混凝土浇筑时应采用“分区定点、一个坡度、循序推进、一次到顶”的浇筑工艺。

（3）混凝土浇筑时要准备2～3台振捣器进行密实。

（4）由于混凝土坍落度比较大，为了防止出现裂缝，在混凝土初凝前和混凝土预沉后采取二次抹面压实措施。

（5）依据相关规定现场制作强度试块进行检测。

（6）防水混凝土抗渗试块按规范规定每单位工程不得少于2组，按规定取防水混凝土抗渗试块。

6. 混凝土养护

混凝土浇筑完成后水养生，基础保养期为7天。

第六节　碎石疏水基础层的施工

一、现场施工监理

人造草坪运动场地的现场施工监理需根据国家法律和有关技术、经济法规和技术标准而订立的施工合同、监理合同文件及附件、设计文件、工程量清单及说明。由于基础的建造方法与公路的施工做法类似，所以可以参考《公路工程施工监理规范》（JTJ077—95）、《城镇道路工程施工与质量验收规范》（CJJ—2008）、《公路路面基层施工技术规范》（JTG034—2000）以及现行公路工程技术标准、规范。

二、基础施工方法及要求

（一）基础层结构和厚度的确定

基础层结构和厚度的确定需结合场地所处地域具体的地质与气候等环境因素综合考虑。地质与气候方面的资料可以从相关的地质与气象部门获取。如有必要，也可以进行实地的勘测来确定现场的水位、土质等信息。根据上述资料，结合该类型场地基础的构造做法，最终完成工程设计。

（二）施工图纸

工程设计图纸由设计单位结合现场情况制作，并提供给施工单位。施工单位应按图纸安排施工，过程中如需调整施工方案，需与设计单位沟通并由原设计单位修改图纸，施工单位不得擅自修改工程设计。

（三）碎石疏水基础分层

如图5-19所示。

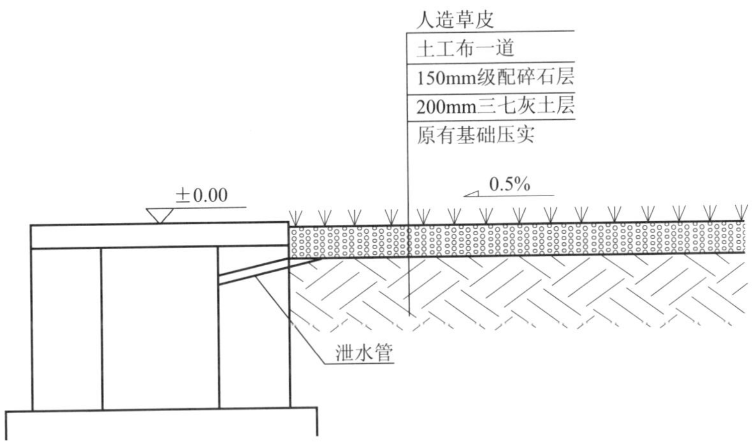

图5-19　人造草碎石疏水基础

（四）分项工程施工方法

1. 天然素土压实层

素土层需碾压密实平整，密实度不小于95%，平整度全场通线偏差不大于±20mm。

2. 三七灰土层

三七灰土比率为3：7，其密实度不小于95%，平整度4米直尺测试不大于6mm，1米直尺不大于3mm。

3. 碎石疏水层

（1）碎石

采用《公路路面基层施工技术规范》（JTJ034—2000）中所列3号级

配的范围，按31.5～9.5mm、9.5～4.75mm、4.75～2.36mm和2.36mm四种规格筛分加工集料。石料压碎值不大于28%，针片状含量应小于或等于15%，集料中小于0.6mm的颗粒必须做液限和塑性指数试验，要求液限小于28%，塑性指数小于9，小于0.075mm颗粒含量宜不大于4%，集料的颗粒组成应符合表5-1的要求。

（2）水

采用不含有害物质的洁净水源。

所有原材料经试验监理工程师检验，确认符合施工技术规范、质量检验评定标准及表5-1的标准后，方可使用。且每批进场材料均应在河口进行取样抽检，不符合要求的一律不得进场。

表5-1 碎石混合料中集料的颗粒组成范围

级配	通过下列筛孔（mm）的质量百分率（%）							
	31.5	26.5	19	9.5	4.75	2.36	0.6	0.075
范围	100	90～100	72～89	47～67	29～49	17～35	8～22	0～7

混合料配合比设计及验证：

首先对提交的配合比进行审查，根据水稳碎石应具有较小的温度收缩和干缩系数（现场裂缝较少），施工和易性好（粗集料离析较小）的要求，集料筛分宜控制4.75mm左右，通过率在中值以下，并以此确定集料级配；其次根据强度必须达成4.0Mpa以上、水泥含量应不大于5%的要求，应分别按水泥含量3.5%、4.0%、4.5%、5.0%与目标级配碎石拌和，进行重型击实试验，并求得最佳含水量和最大干密度，同时根据成型试件做无侧限抗压试验。最后对试验成果进行分析，确定最佳配合比。

为了确保基础的施工质量，用以检验混合料的配合比设计，确定松铺系数、最佳含水量、合理的机械组合和标准的施工方法，应试铺一块5～10m²左右的面积作为试验，试铺时监理应全过程旁站，全面记录各项工艺参数，并及时灌砂检查密实度。试铺施工结束后，应认真、及时总结。

摊铺前对下承层进行清扫，作业面适当洒水湿润后，进行测量放样。级配碎石混合料拌和后，依据分层设计进行摊铺和整型，并在全场范围内进行碾压，先稳压（压实度达到90%）→开始轻振动碾压→再重振动碾压→最后胶轮稳压。碾压至表面平整光滑，无轮迹或隆起，基础坡度符合要求为止。

碾压完成后立即开始养生，并同时进行压实度检查。将透水无纺土工布或麻布湿润，覆盖在碾压完成的基础表面，2小时后进行喷雾式洒水，在7天内保持基础处于湿润状态。养生结束后，将覆盖物清除干净，基础养生期不少于7天。

第七节　其他材质基础的施工

一、水泥石粉基础

水泥石粉基础作为一种半刚性基层，其特点是整体性强，承载力高，水稳性好，而且较为经济。该基础分层如图5–20所示。

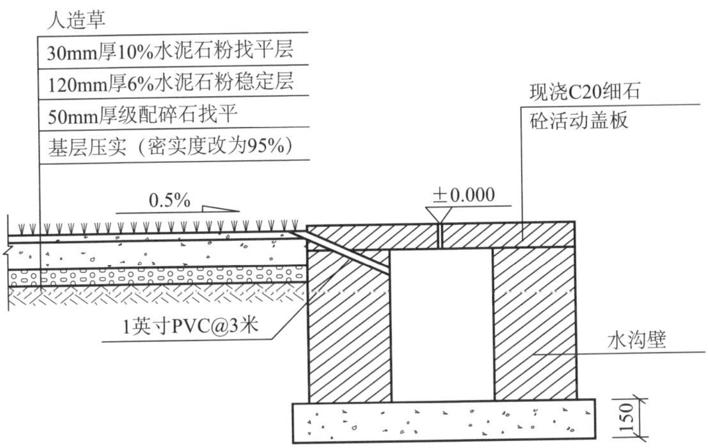

图5–20　人造草水泥石粉基础

二、透水砖基础

透水砖基础结构由土基、透水底基层、透水基层、透水找平层、透水砖面层组成，其面层在边缘应有约束，如图5–21所示。

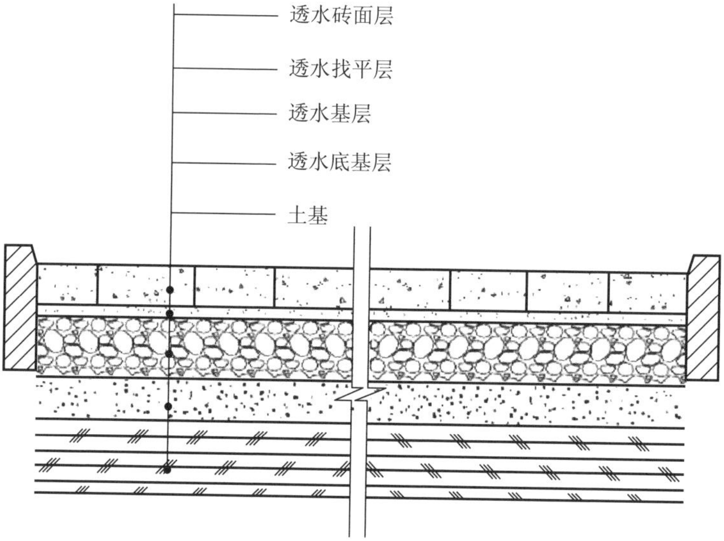

图5–21　透水砖基础

三、三七灰土基础

三七灰土基础是指石灰和土的体积比按照3：7的最佳比例建造而成的运动场地基础，密实度高的灰土基础具有较高的强度与较好的水稳定性。

土料采用粘性细粒土，不得用表面耕植土，土料中硫酸盐含量应小于0.8%，有机质含量应小于10%，土块粒径不大于15mm。石灰采用熟石灰粉，石灰等级不得小于Ⅲ级，要求同产地、同品种、同规格。施工工艺流程可参照图5–22中的顺序。

三七灰土基础的施工不可以在雨天进行，石灰的包装、运输和储存应保证不受潮变质，土料中不应含草根、杂物。

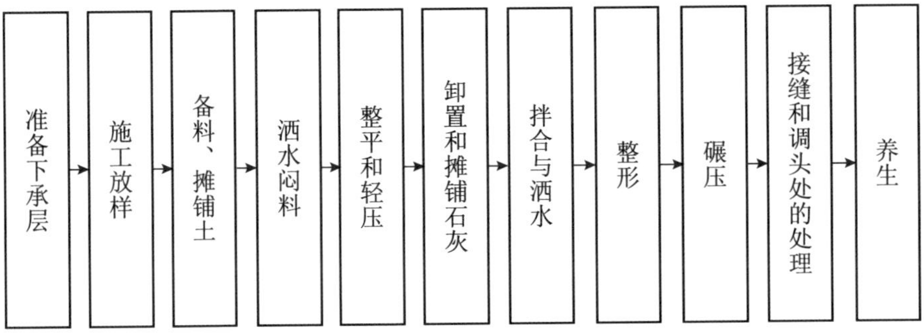

图5-22　三七灰土施工工艺流程

第八节　保障队伍

建造优质的人造草坪运动场地，必须有技术精湛的保障队伍，要有全心全意的投入精神。在工程全过程中，各相关队伍要精诚团结，互相配合，严格按照国家相关标准要求进行施工，才能做出让人民放心的优质工程。保障队伍分为如下几种类型。

一、工程图纸设计队伍

要依据场地的土质情况和所建场地的国家竞赛规则对场地的规格要求、场地的方向、人造草坪的草皮卷材，填充材料的技术要求等设计出详细的场地基础、草坪的铺装技术图纸。

二、招投标文件制作队伍

招标文件要依据国家的相关政策编写，在人造草坪技术要求部分，要详细注明场地基础的建造要求，如人造草坪的技术参数，对所用石英砂或天然铸造砂、橡胶颗粒品种，工程日期，工程质保年限，铺装草皮和充注砂、胶粒的机械等要求。

投标单位要严格按照招标文件的要求填写，进行投标工作。在投标文件中不得出现不符合事实的文件。

三、工程监理队伍

工程监理队伍要严格把好各项材料进货关，所有材料进场后经国家质检部门检验合格后才能使用，以保证工程质量的可靠性。人员要由技术精湛的工程师担任，根据工程要求配备相应的工种，如：水、电、沥青、水泥等技术人员。建设单位也要安排人和监理共同配合，依据国家标准和图纸的要求，高质量地完成工程建造任务，如果需要也可以请人造草坪业界的技术专家协助。

四、工程基础建造队伍

项目经理、建造师、测量技术人员要有相应的资质证书，按照招标文件的要求组建优秀的施工队伍，配备工程所需的优质工程机械设备。施工队伍进场后要制定详细的施工计划，组织机构、技术人员、现场布置、工期安排、分项工程施工方法、技术质量保证措施、文明安全施工措施等要制图公示，便于监理施工，一切按计划程序进行。

五、草坪铺装队伍

草皮铺装要有熟练的技术人员组成，要有多次铺装草坪场地的经验，能很好地了解胶水的使用方法、草皮的连接方法、场地标志线的安装方法等技术。

六、草坪铺装机械队伍

要获得高质量的人造草坪运动场地，机械铺装是非常重要的，它能保证草皮连接不开缝、充沙、充胶粒厚度均匀一致，草苗经过梳理修整不倒伏，非常美观。草坪铺装机械主要有人造草坪专用充砂机、充胶粒机、草苗梳理机等。

第六章　学校人造草运动场地铺装的技术要求

高质量的人造草运动场地，取决于稳定的基础、优质的人造草和优异的人造草铺装技术，三者缺一不可。建议选用绿色环保、有8年以上品质保证的人造草，场地基础要稳定、平坦、不塌陷。在人造草选定、基础验收合格后，铺装人造草前，要先设计出人造草场地铺装尺寸图，取得相关各方认定后，再进行铺装。首先铺装减震弹性垫层，其次铺装人造草，再铺装运动标志线，最后用机械充砂和充胶颗粒，用人造草专用机械反复进行梳理，使砂和胶粒均匀平坦，脚感舒适。其中，标志线要依据各运动项目竞赛规则对场地的规格要求，裁剪植入草坪内，这样才能保证学校人造草运动场地品质。

第一节　基础工程的检查与验收

场地基础对于人造草运动场地发挥着至关重要的作用，场地基础的平整度、稳定性和排水性都将影响人造草运动场地的使用效果。

人造草坪对于基础结构并没有标准规定，目前应用在学校人造草运动场地的基础有沥青混凝土型、水泥混凝土型、碎石基础和三七灰土基础等，选择什么样的基础类型和排水系统更多的是考虑场地的功能要求和经济条件。在学校人造草坪运动场地实际上多选择了龟背型结构外排水结构，考虑基础的使用寿命以及同塑胶场地基础的衔接施工方便等因素，目前国内学校人造草运动场地应用沥青混凝土和水泥混凝土基础比较普遍。

场地设计应依据运动场所在地的地质报告、年降水量和最大降水量查看结果。人造草运动场地的基础是人造草皮的承载体，其质量的好坏将直接影响到整个人造草坪足球场的性能。

人造草坪足球场场地基础的基本要求是稳定，不塌陷。

按照其构造不同可分为多种面层：沥青混凝土面层、水泥混凝土面层、二灰石面层和瓜子石面层。

沥青混凝土面层在全国较为普及，它本身具有防水性能，不能使水直接渗透，只能靠场地坡度斜排水。在雨水较大时，场地积水会汇集成小型流水，会造成草坪上的石英砂、橡胶颗粒流失，场地边缘也会积水过多，在短时间内不易将积水排出，水泥混凝土面层也存在同样的问题。

而二灰石面层本身灰号可调整大小，瓜子石本身无灰号，因此这两种面层基础的渗水性比较好。石子大小同沥青面层的石子大小相同，雨水能直接渗透到下面的碎石层及干硬土层，这样可减少草坪上的石英砂、橡胶颗粒的流失，缓解场地积水状况。但是这两种面层不能在冬季较为严寒的地区使用，因为渗入面层的水如果不能及时排出，将会在严冬结冰膨胀，导致场地表面出现凹凸不平的现象。

二灰石面层和瓜子石面层都具有较好的渗水性，而且面层和沥青相同，在价格上相对便宜许多，因此建议使用二灰石面层和瓜子石面层作为人造草坪足球场的场地基础，但是在冬季较为严寒的地区还是使用沥青混凝土或者水泥混凝土面层为好。

采用沥青或者水泥混凝土面层的场地基础可以参考路面的施工要求，但是在施工时要注意保持整体的形状，使场地中间高四周低，坡度要均匀保持在0.3～0.5%，场地四周要设立排水沟。二灰石面层和瓜子石面层的场地基础要求预埋排水管路。

无论采用何种基础，其质量的好坏直接影响到面层质量的好坏。所以在基础施工时，基础的素土层一般遵循《公路基础施工技术规范》，水泥混凝土层一般遵循《公路水泥路面施工技术规范》，沥青混凝土层一般遵循《公路沥青路面施工技术规范》。

一、基础工程的检查

（一）基础一般采用水泥混凝土或沥青现浇，具有一定的强度和稳定性。

（二）基础不能产生裂缝和冰冻引起的起皮或起沙现象。

（三）基础的平整度，4米直尺误差小于6mm，2米直尺误差小于3mm，具有一定的坡度，一般为0.3%～0.5%，以便于雨天排水。

（四）在冰冻地区，应采用防冻技术，一般在沥青层与碎石层之间加一层土工布加以缓冲，沿水沟槽的基础应做特殊防水处理。

（五）基础表面要保持清洁干燥，沥青基础完工后应保证25～30天的保养期，以便使沥青表面低沸点成分挥发掉，保证基础面层有足够的粘结强度。

（六）水泥混凝土基础要有28～30天的保养期，大面积使用需考虑设计伸缩缝，面层要进行光洁处理。

（七）沥青混凝土基础技术指标

1. 基础碾压后密实度大于95%。

2. 路基级配砂石层压实密度达2.3kg/cm^{2}以上，表面平整，坚实无砂窝、梅花现象。

3. 沥青面层应无油污、裂缝、压缝、阻水积水现象。

二、验收程序

（一）先校验场地平整度和坡度，对不合格部分进行修正。

（二）对照资料检查验收，由施工单位提供竣工资料。

（三）编制施工方案，并报业主审核。

（四）按工程用量编制材料计划，确保施工质量和工期。

（五）清理现场，对需铺设草坪的场地进行清理，清除油污、杂物、泥土等垃圾。

（六）场地四周应保持清洁，严禁垃圾入场。

（七）对修建时间较长的旧场地，必须清理伸缩缝，填入新材料。

第二节　弹性垫层的铺装

一、预制型弹性垫层施工流程

基层清理→弹线分格→卷材切割修边→铺贴连接→修边处理

（一）基层清理

把基础表面上的砂浆、油污和垃圾清除干净，凸出部位用砂轮打磨平整。

（二）弹线分格

按设计弹分格控制线。

（三）卷材下料切割修边

1. 把卷材铺平。

2. 场地四周多余的部分裁切修整。

（四）铺贴连接

接缝处用胶带粘接。

（五）修边处理

如遇洞口、管根等处，需沿着洞边、管根进行切割，按要求留足所需尺寸。

（六）质量标准与控制措施

1. 卷材地板应直立贮存于温暖、干燥的房间内，切割好的卷材应避免直接暴晒。

2. 铺设时胶粘剂应均匀打点地面，并根据当时的温度、湿度确定合理的晾置时间。

（七）成品保护

弹性垫层铺装完后，不要上重车碾压，防止垫层移位、变形，要及时摊铺上草皮卷。

（八）预制型环保高弹性缓冲垫层技术要求

详见第四章第四节中的一、二、三部分。

二、现场铺装弹性垫层

（一）沥青基础完工养护25～30天以后，方可进行减震垫的铺设。

（二）检查基础平整度，全场整体平整，场地排水坡度达到要求。

（三）天气条件满足施工要求，基础表面清理干净。

（四）采用规定粒径的高弹性黑胶粒掺高强度单组份胶水，搅拌均匀倒入摊铺机，铺设厚度为20mm左右，固化保养48小时。

（五）施工工艺

清扫场地→胶水配料→混合搅拌→摊铺→固化→竣工。

1. 搅拌操作：每次搅拌时，首先准确磅秤橡胶颗粒及粘结剂，然后先往搅拌机中加入橡胶颗粒，然后分次将粘结剂加入搅拌机，以便均匀搅拌。搅拌完成，及时将材料送至摊铺地点。

2. 摊铺机需匀速前行，否则会因密实度不一致导致出现条纹。搅拌橡胶颗粒作业与摊铺作业应协调，保证完成搅拌的颗粒及时摊铺，以便达到最佳的粘结强度。

第三节　人造草坪卷材的铺装

一、学校人造草运动场地施工流程

工程测量及放样→弹性垫层铺装→人造草皮铺设→人造草皮填充石英砂→人造草皮填充橡胶颗粒→草苗梳理→清理场地。

本工程将提供专业施工设备和有多年施工经验并持有上岗证的专业安

装师进行现场施工，用于提高人造草场地中橡胶颗粒的均匀程度和平整程度，有利于草纤维的梳理和展开，增强场地的美观性。

二、工程测量及放样

（一）检查验收基础工程，清除基础中的杂物，若有不平处，应及时修复、整平。施工铺设场所需确实清洁，以确保环境之清洁及施工品质。

（二）使用钢卷尺，测量周边设施是否符合运动场之尺寸，如有不合适处及时修改。

三、铺装无纺布

如场地需要铺装无纺布，则沿场地长度方向铺设，排列方向需与草坪的排列方向成90°，无纺布间粘接牢固。按图纸的线条长宽规格裁定球场线条，经自查粘好后的线条必须平直。

四、人造草皮铺设

（一）粘接前的准备

1. 将需粘接的草皮底面、无纺布、接缝布等清洁干净，保证表面干燥无水分。

2. 环境温度应选在5℃以上施工，不宜在下雨天施工，否则会导致粘接时间过长甚至引起不粘现象。

（二）草坪粘接工艺

1. 机具调试：施工前检查并调试机具，确保机具性能良好。

2. 草坪铺展：将草皮搬入场地沿横向摊开，并依次由纵边的一端向另一端推进，展开草卷按顺序依次铺设整齐，如图6-1所示（根据场地图纸等实际情况，确定出具体的铺设方向）。将编织在草皮外沿的白色草线切下，放置一边待用。

3．裁边：将绿色草皮各接缝处搭接2～3cm，用裁草刀切开，修剪掉草卷不整齐的自然边，使两边的草皮尽可能搭接紧凑，如图6–2所示。

图6–1　草坪铺展

图6–2　裁边

4．涂胶：采用环保人造草专用胶水，用刷子在其表面涂刷厚薄均匀，不可反复涂胶，否则会出现起泡甚至跌落现象。底布涂上胶水，严格控制胶水的厚度，注意涂胶速度要适当，涂胶时应分别涂于被粘接的两粘接面上。

5．粘合：根据当时的温度、湿度、气压等条件，合理控制晾置时间，一般以涂胶后10～30分钟内，胶浆达到八九成干为宜。粘接时要求一次性对准粘牢，切不可在粘合后来回移动被粘接的物体，如图6–3到图6–4所示。

图6-3　草坪涂胶和粘合（一）

图6-4　草坪涂胶和粘合（二）

6. 加压：在粘合好后，清除其表面杂物，用专用的橡皮锤从粘接处向两边用力锤实，使其表面充分接触密实，粘接更牢固。

7. 固化：其固化时间一般为三天，检测最终强度一般为五天。因此，在固化期间需密切注意对其维护，避免过于暴晒、水浸和移动，以达到粘接的最佳状态。

8. 场地划线：在草皮基本拼接完毕后，再次拉线定出各功能线、点的准确位置，以裁纸刀切开，抽出切下的草条，将纤维布放入，刮涂胶水，把原先预备好的功能线放回，胶结压紧。在角球等狭窄区域画弧的难度较大，可将整个角球区域切除，切割成小块后逐块放回拼接起来。

9. 复查：整个场地草坪铺好后，对裁切的草皮碎片进行清洁处理。需按铺设程序对每一道工序进行检查，草皮上摺绉的部分需要以裁纸刀开口，拉直对接，切除重叠的部分，然后胶结。草皮完全处理好后，便可开始注砂。

五、草坪缝接施工工艺

（一）面层的铺装

1. 将草坪依图纸标示顺序平铺在基础之上。

2. 将其中需要缝接的一块草坪掀覆于另一块草皮之上，将需要缝接的连接边抬起，用专用草坪缝纫机械沿草坪一侧边缘缝接在一起。

3. 翻回原掀覆的草坪，并依此方法将整场草坪缝接成一个整体。

4. 缝接好后将草坪摊铺平整，并用小型压路机将接缝处压平。

（二）镶嵌球场功能线

1. 按照要求宽度的将功能线裁切好。

2. 确定好需要粘接功能线的具体位置，用铝合金靠尺压住标线的一条边沿，用专用剃草机械沿铝合金靠尺边从草丝根部剃除需要粘接功能线的原有绿色草丝。

3. 将草坪表面清理干净，保证干燥无水分。

4. 用铝合金靠尺压住倒向应粘接线条的一边草丝，将粘合剂均匀倾倒在功能线粘合位置的底布上，一边将裁切好的功能线一次性对准粘贴于底布上。

5. 在粘合好后，清除其表面杂物，用压滚滚压粘接的功能线，使其表面充分接触密实，粘接更牢固。

六、人造草填充石英砂

人造草应填充石英砂需用专业的机械进行，填充高度应按照草皮的高度而定，可填充优质无棱角的石英砂（图6–5），亦可填充含硅量在90%以上的天然铸造砂，根据场地使用功能的不同粒径一般为0.2～1.25mm（约30～70目），如图6–6所示。

图6–5　无棱角石英砂粒

图6–6　人造草坪专用石英砂

施工工序：采用注砂机先沿一方向匀速铺设，后再沿此方向梳理一遍，然后再沿垂直方向铺砂并梳理，如此重复3～4次，直至砂粒大面积铺至设计标高后，检查局部有无漏铺并及时补充砂粒。铺设过程中发现其他杂物需立即去除，以确保施工质量，如图6–7所示。

图6-7　人造草填充石英砂示意

不是所有的砂子都可以用于填充人造草坪，颗粒的圆滑度是一项重要特征，它会直接影响到草坪纤维的劈裂，如果砂子颗粒具有锋利的边缘，它会刺入草坪纤维，使纤维被劈开，即使是最好的草坪纤维也会因为锋利的砂粒而被裂开；另一项重要特征是砂粒的碎裂性，碎裂性越低，砂粒中那些锋利的颗粒也就越少。

砂子中不应含有过多的杂质，这会导致产生过量的粉末，使人造草坪球场变得更紧。另外，过多的杂质会使人造草坪球场的颜色变得灰暗。

七、人造草填充橡胶颗粒

人造草应填充橡胶颗粒，需用专业的机械进行，如图6-8所示。填充高度应按照草皮的高度而定，如使用黑色再生橡胶颗粒或三元乙丙烯（DPEM）颗粒，粒径一般控制在2～3mm之间；如使用热塑性橡胶颗粒，粒径一般也在2～4mm之间，技术要求见第四章第四节中的第三部分。

具体施工工序同铺设石英砂工序相同，重复2～3遍，保证胶粒能均匀铺设至设计标高。

图6-8　填充橡胶颗粒

目前所使用的所有橡胶填充材料都是通过碎裂法制得。尽管总的来说，这种方式加工出来的橡胶颗粒看起来相当不规则（图6-9），但是通常可将颗粒分为球形或棒状。里斯堡®测试表明：棒状颗粒对人造草坪纤维造成的磨损要大于常见的球形颗粒。

图6-9　橡胶颗粒形状

为了断定橡胶颗粒的形状，我们可以对“圆滑度”进行计算。圆滑度的计算方法如下所示：

圆滑度=颗粒的最小尺寸/颗粒的最大尺寸

在对一个橡胶颗粒进行的特写镜头中，两条红线标出了颗粒的最小尺寸，而蓝线则表示颗粒的最大尺寸。在这一特例中，最小尺寸为1.12cm，最大尺寸为1.23cm（在实际中，图像不是按比例放大的），圆滑率为0.91，至少要通过该方法对10个橡胶颗粒进行检测，且平均圆滑率应至少为0.70，这样才能保证颗粒足够圆，不会对草坪纤维使用寿命产生负面影响，如图6–10所示。

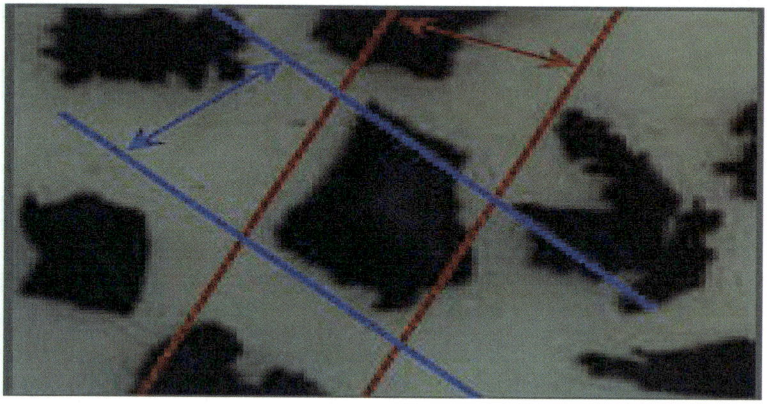

图6–10　橡胶颗粒尺寸特写

橡胶颗粒填充如图6–11所示。

图6–11　橡胶颗粒填充梳理

八、草苗梳理

用草苗梳理机沿场地纵横双向依次梳理，直至将草苗全部梳理出砂和胶粒层，如图6-12到图6-13所示。

图6-12　草坪梳理（一）

图6-13　草苗梳理（二）

九、清理场地

检查整个场地，对局部进行补充砂或胶粒，并清理施工现场杂物。

十、工程质量检验

草坪铺设整齐，无凹凸不平现象，草坪接缝平直，黏结牢固，不开胶。安装后的人造草苗色泽一致，不褪色，不断丝，长短均匀，无明显接缝，质量优良，经久耐磨，使用寿命长。石英砂和橡胶粒铺设均匀平整。场地划线尺寸符合图纸要求，无扭曲现象。质检员及项目经理全程监督施工铺设的每一道工序，如图6–14所示。

图6–14　推荐沥青面层

第四节　填充物的灌充

人造草皮铺装连接以及标志线连接好以后，要进行石英砂或天然铸造砂和橡胶颗粒的灌充。灌充过程见本章第三节的第六部分和第七部分，草苗梳理见本章第三节的第八部分。

草坪填充物的技术要求如下：

草坪内填充用砂应根据项目不同使用30～70目的水洗无棱角的圆形石英砂或者含硅量90%以上的天然铸造砂，填充砂层厚度大于等于草丝总高度的1/3，砂层填充完毕后再填充符合国家最新标准的环保橡胶颗粒，如用新材生产的EPDM颗粒、质量更好的TPE热塑弹性颗粒，填充层厚度大于等于草丝总高度的1/3，砂和橡胶颗粒层总厚度大于等于草丝总高度的2/3，草苗外露高度约占1/3。砂和橡胶颗粒铺装厚度要均匀一致，草苗经过机械梳苗机梳理后，草苗不倒伏，草苗的外观均匀一致，漂亮美观。

第七章　学校人造草运动场地的检测

中华人民共和国人造草国家标准主要参考国际足联、国际网球协会以及其他国际专业组织对人造草坪场地的要求制定，以规范人造草坪各运动项目场地，适应比赛要求，保护运动者的安全与健康，提供更好的运动环境，充分发挥运动能力，创造更好的运动成绩，享受运动体验，促进相关体育运动和体育事业的发展。人造草运动场地的性能取决于人造草运动场地基础的性能和人造草面层性能，所以对学校人造草运动场地的检测需要对两者的性能进行综合测定，人造草面层的性能检测不仅要通过实验室的测试，还要经过现场场地性能检测。

第一节　场地基础性能检测

学校人造草运动场地基础有多种，有水泥混凝土基础、沥青混凝土基础、碎石疏水基础、水泥石粉基础、透水砖基础等。其中使用寿命长、效果好的为水泥混凝土基础和沥青混凝土基础。各种基础检测的项目有所不同，但均需对以下两项进行检测：

（1）检查竣工图纸，同设计图纸对照，看是否一致；

（2）检查基础各层施工过程的监理报告，看各层的隐蔽工程是否通过国家质检部门的检测合格认证，是否按设计要求施工。下面重点介绍水泥混凝土基础和沥青混凝土基础的检测。

一、水泥混凝土基础

1. 平整度：平整度合格率在85%以上，2m直尺误差3mm。

2. 坡度：中心场地3‰～4‰，龟背式排水设计，弯道8‰，直道5‰，半圆区5‰，表面应平坦、光滑、保证排水。

3. 强度和稳定性：表面均匀坚实，无裂缝，无烂边，接缝平直光滑，6000mm×6000mm左右切块为好，伸缩缝深度在混凝土层厚度的2/3为宜，不要切透，缝隙间填充弹性材料，垫层压实，密实度大于95%，在中型碾压机压过后，无显著轮迹、浮土松散、波浪等现象。

4. 隔水层：采用新PVC加厚隔水薄膜，搭接处应大于200mm，边沿余量大于150mm。

5. 定位：为准确施工及满足画线需要，应用牢固鲜明的标志物标出场地的各线条。

二、沥青混凝土基础

1. 平整度：基础应具有一定的强度和稳定性，不能出现产品裂缝和由于冰冻引起的不均匀冻胀现象，平整度合格率在85%以上，3m直尺误差3mm。

2. 坡度：横向＜8‰，纵向＜1‰，表面应平坦光滑以保证排水。

3. 强度和稳定性：沥青基础最好采用不含腊，或含腊很少的沥青材料，其沥青混合料必须充分压实。表面均匀坚实，平整无裂纹，无烂边堆挤，无麻面，接缝平顺光滑，无发软起皮、波浪等现象。

第二节　足球场地测试与认证

1．足球场地人造草面层要求见表7–1。

表7–1　足球场地人造草面层要求

<table>
<tr><th colspan="2">项目</th><th>要求</th></tr>
<tr><td colspan="2">场地规格、画线和朝向</td><td>参照国际足球联合会（FIFA）竞赛规则的有关规定</td></tr>
<tr><td colspan="2">坡度</td><td>与场地长轴线成垂直方向的坡度；无渗水功能的场地不大于8‰，有渗水功能的场地不大于3‰</td></tr>
<tr><td colspan="2">平整度</td><td>直径3m范围内间隙应不大于10mm</td></tr>
<tr><td colspan="2">渗水速率（mm/min）</td><td>>3mm/min</td></tr>
<tr><td rowspan="3">球与人造草坪相互作用</td><td>球反弹率（%）</td><td>30～50</td></tr>
<tr><td>球滚动距离（m）</td><td>4～10</td></tr>
<tr><td>角度球反弹率（%，50km/h，15°入射角）/%</td><td>45～70</td></tr>
<tr><td rowspan="4">运动员与人造草坪间的相互作用</td><td>冲击吸收/%</td><td>55～70</td></tr>
<tr><td>垂直变形/mm</td><td>4～9</td></tr>
<tr><td>牵引力系数，μ</td><td>1.2～1.8</td></tr>
<tr><td>滑动阻力</td><td>120～220</td></tr>
</table>

2．国际足联产品鉴定主要包括对草皮、弹性垫层和填充物等的鉴定，具体测试方法见表7–2。

表7-2　人造草丝产品鉴定及质量控制要求

测试对象	测试性能	测试方法
足球场草皮和草丝	单位面积质量	ISO8543
	单位面积草簇数	ISO1763
	草丝拔出力	ISO4919
	草丝长度	ISO2549
	草丝质量	ISO8543
	草丝性质	DSC
填充物	层厚	FIFA21
填充物物性	颗粒大小	FIFATestMethod20
	颗粒形状	EN14955
	体积密度	EN1097-3
橡胶颗粒	有机物含量	TGA
	无机物含量	
缓冲垫层	震动吸收	FIFATestMethod04a
	拉伸强度	EN12230
	厚度	EN1969
地基层	颗粒大小	EN933-Part1
	颗粒形状	EN14955

3. 耐久性测试。

耐久性测试包括人造草坪抗磨损性以及草皮连接强度测试。

抗磨损性：草皮用LISPORTXL人工磨损机进行模拟场地实际使用中的磨损测试，并在一定数量的磨损之后检测以下指标：震动吸收、垂直变形、球垂直反弹、球滚动距离以及旋转阻力（表7-3）。

表7-3　抗磨损性测试内容

测试性能	测试方法	品质指标
抗磨损性	FIFA15	测试磨损后样品的震动吸收、垂直变形、球垂直反弹、球滚动距离以及旋转阻力

草坪连接强度：测量缝合处或者粘结点被破坏时所记录的力的最大值（表7–4）。

表7–4　连接强度测试内容

测试性能	测试方法	测试条件	品质指标	
			FIFAQUALITYPRO	FIFAQUALITY
缝合处	EN12228和EN13744	老化前	1000N/100mm	1000N/100mm
		热水浸渍		
粘结点	EN12228和EN13744	老化前	75N/100mm	75N/100mm

4. 耐候性测试。

耐候性测试模拟环境主要包括紫外线、水、热，测试草丝的色牢度、抗磨损性和连接强度（表7–5）。

表7–5　耐候性测试内容

测试对象	测试性能	测试方法	品质指标	
			FIFAQUALITYPRO	FIFAQUALITY
人造草坪	色牢度	ENISO20105–A02	＞灰度3	＞灰度3
人造草丝	拉伸强度	EN13864	老化前后相差＜50%	老化前后相差＜50%
橡胶颗粒	色牢度	ENISO20105–A02	＞灰度3	＞灰度3

5. 球员/草皮相互作用测试。

球员/草皮相互作用测试（表7–6）包括震动吸收、垂直变形、旋转阻力和抗滑性、皮肤磨损和皮肤摩擦力测试。

震动吸收：测试球员在草皮上奔跑时场地吸收冲击的能力。

垂直变形：测试草皮在受到冲击时的稳定性。

旋转阻力：根据球员转变方向时的能力测试鞋底和草皮之间另一类相互作用。

抗滑性：测试鞋底在草皮上的抓地能力。

皮肤磨损：测试球员滑倒时草皮对球员皮肤的磨损性。

皮肤摩擦力：测试球员滑倒时草皮对球员皮肤的摩擦力。

表7-6　球员/草皮相互作用测试内容

测试性能	测试方法准备		测试条件			品质指标	
			温度	环境	FIFAQUALITYPRO	FIFAQUALITY	
震动吸收	FIFA04a和FIFA15	冲击2/3次平均值	预处理	23℃	干	62%～68%	57%～68%
					湿		
			磨损3020周	23℃	干	62%～68%	/
			磨损6020周	23℃	干	/	57%～68%
			预处理	50℃	干	62%～68%	57%～68%
		冲击1次	/	-5℃	冷冻	62%～68%	57%～68%
垂直变形	FIFA05a和FIFA15	冲击2/3次平均值	预处理	23℃	干	6～10mm	6～11mm
					湿		
			磨损3020周	23℃	干		/
			磨损6020周	23℃	干	/	6～11mm
			预处理	50℃	干	6～10mm	6～11mm
		冲击1次	/	-5℃	冷冻	6～10mm	6～11mm
旋转阻力	FIFA06和FIFA15	/	预处理	23℃	干	32～43Nm	27～48Nm
					湿		
			磨损3020周		干		/
			磨损6020周		干	/	27～48Nm
皮肤/草皮表面摩擦	FIFA08	/	预处理	23℃	干	0.35～0.75	0.35～0.75
皮肤摩擦力	FIFA08	/	预处理	23℃	干	± 30%	± 30%
草坪温度测试	FIFA14	/	预处理	/	干	信息收集	信息收集（可选）
填充物飞溅测试	FIFA16	/	预处理	23℃	干	＜1.5%或≥1.5%	/

6．球/草皮相互作用测试。

球/草皮相互作用测试（表7–7）包括球的垂直反弹、倾角反弹和滚动测试。

垂直反弹：测试草皮对球的弹性。

倾角反弹：测量球和草皮间相互作用（包括球和草皮的摩擦力）的冲击力、水平速度和球垂直回弹性。

滚动：结合球和草皮的摩擦力，测量球在草皮上的滚动速度。

表7–7　球/草皮相互作用测试内容

测试性能	测试方法	测试条件			品质指标	
		准备	温度	环境	FIFAQUALITYPRO	FIFAQUALITY
垂直反弹	FIFA01和FIFA15	预处理	23℃	干	0.60～0.85m	0.60～1.0m
				湿		
		磨损3020周		干		/
		磨损6020周		干	/	0.60～1.0m
倾角反弹	FIFA02	预处理	23℃	干	45%～60%	45%～70%
				湿	45%～80%	
测试性能	测试方法	测试条件			品质指标	
		准备	温度	环境	FIFAQUALITYPRO	FIFAQUALITY
短距离球滚动	FIFA17和FIFA15	预处理	23℃	干	4～8m	4～10m
		磨损3020周		干	4～8m	/
				湿	4～8m	/
		磨损6020周		干	/	4～12m
				湿	/	4～12m

7．场地测试。

场地测试内容包括产品鉴定、场地结构、球员/草坪相互作用以及球/草坪相互作用测试。

（1）产品鉴定：产品鉴定测试内容参见实验室测试中的相关部分。

（2）场地结构测试：场地结构测试主要包括平整度、自由草高和填充层厚度的测试（表7–8）。

表7–8　场地结构测试内容

测试性能	测试方法	测试条件	品质指标
平整度	FIFA12	3m靠尺	＜10mm
自由草高	FIFA18	–	信息收集
填充层厚度	FIFA21	测厚仪	信息收集

（3）球员/草坪相互作用测试：球员/草坪相互作用测试内容见表7–9，方法参见实验室测试中的相关部分。

表7–9　球员/草坪相互作用测试内容

测试性能	测试方法	FIFAQUALITYPRO	FIFAQUALITY
震动吸收	FIFA04a	60%～70%	55%～70%
垂直变形	FIFA05a	4～10mm	4～11mm
旋转阻力	FIFA06	30～45Nm	25～50Nm

（4）球/草坪相互作用测试：球/草坪相互作用测试内容见表7–10。

表7–10　球/草坪相互作用测试内容

测试性能	测试方法	测试条件	FIFAQUALITYPRO	FIFAQUALITY
垂直反弹	FIFA01	/	60～85cm	60～100cm
滚动距离	FIFA03	首测	4～8m	4～10m
		复测	4～8m	4～12m

第三节　网球场地测试与认证

网球场地人造草坪运动场地测试与认证：国际网球协会对于应用于网球场地的各类面层材料采用统一的球速分级测试与认证办法。

人造草坪作为其中一类场地面层材料可以在国际网球协会认可的实验室内进行球速分级的测试。

按照球速的快慢共分为5个级别：慢速、中慢速、中速、中快速和快速。

测试方法为ITFCS01/02，使用网球发射器以16.0°±2.0°的角度将网球以30.0m/s±2.0m/s的速度射向测试样品，通过计算垂直与水平方向入射速度与出射速度的变化，最终得出样品的球速等级（CPR）。5个级别所对应的CPR值请见表7-11。

表7-11　场地面层球速分级与CPR值的对应关系

等级	CPR
慢速	≤29
中慢速	30～34
中速	35～39
中快速	40～44
快速	≥45

使用通过了实验室测试的面层材料所建成的网球场可以进一步进行完工后的场地测试。

通常在进行场地测试前，新建成的场地需经过一段时间的稳定期，让人造草坪（与填充物）达到稳定的使用状态。

场地测试的项目包括球速CPR（实验方法与实验室测试一致）、球反弹高度、平整度、坡度以及场地尺寸。

现场实地测得的球速级别应与实验室测试对于该产品的分级判定一致。球反弹高度的要求为大于等于球下落高度的80%，球的下落高度需高于127 ± 1cm即可。人造草坪场地对于平整度的要求为在3m靠尺下小于6mm，坡度的建议值为1：120（0.83%），场地尺寸及划线要求需符合ITF竞赛规则。

第八章　学校人造草运动场地的使用和养护

建成的人造草运动场地在使用中，经常出现草坪变硬板结，地面不平，草苗掉毛、倒伏、“粉化”的现象，容易对运动者的身体带来伤害。无论用优质的人造草，还是一般的人造草建成的运动场地均如此。出现这些问题与场地使用不正确、场地养护工作的缺失和养护手段的不专业有着直接的关系。人造草运动场地相较传统的天然草运动场地在可承载的使用强度与频率上都有很大的提升，天然草运动场地需要“封场休息”的养护概念不复存在，大幅降低的养护需求与较低的后期养护成本，使得人造草坪成为现今学校运动场地的首选。但这绝不是说人造草运动场地不需要养护，恰当的养护工作对于维持使用寿命，保持运动性能和保障使用安全等方面都至为重要。

第一节　场地使用须知

为了保持人造草坪运动场地的性能、使用寿命和美观完好，在使用时需遵守以下基本要求。

（一）保持场地的干净整洁，及时清扫场地，保证场地周围有足够的垃圾箱可供使用。

（二）保持场地邻近的区域没有垃圾、碎片、泥、污物以及溢油。

（三）张贴禁止吸烟、严禁携带食物和口香糖等进入场内的标识。

（四）场地内严禁出现明火、燃放烟火或孔明灯、焊接等情况。

（五）穿着适用于人造草运动场地的运动鞋进入场地，禁止使用高跟鞋等踩踏场地。

（六）如发现人造草坪面层有小的破损，需及时联系施工单位进行修补。

（七）禁止将车辆停放在人造草运动场地上。

（八）学校在进行田径训练或比赛时，需避免在人造草坪上投掷标枪、铁饼，避免使用短跑钉鞋。

（九）学校在利用人造草运动场地举办非体育类活动，例如文艺演出等，以及需要在场地内搭建舞台和座椅时，必须使用专用的草坪保护板将人造草坪覆盖。

（十）遵循人造草坪的养护办法与计划，定期进行人造草坪运动场地的养护工作。

第二节　养护方法及养护工具

根据人造草运动场地填充方式的不同，所需采取的养护方法及所使用的工具也会有所区别，具体的场地应使用的正确养护方式需参照人造草坪生产商和铺装单位提供的指导说明。现今学校使用的人造草运动场地多以第三代人造草坪系统为主，所以本小节将以此场地类型为主，介绍一系列有针对性且同时也可适用于其他类型人造草坪场地的养护方法及工具。

按照养护工作的程度，可分为对人造草坪运动场地的日常基本维护和深度专业保养两个层次。日常基本维护指的是学校场地管理人员，在日常使用期间利用简单的手动或半机械化的工具就可以完成的基础场地养护工作。深度专业保养是指需要依靠专业从事人造草运动场地保养工作的专业人员操作机械化设备，对场地进行的全面彻底的深度养护工作。

一、日常基本维护

（一）场地清洁

场地的清洁工作是最基本的日常维护工作之一，主要目的是去除落在场地中的植被枝叶、石子和碎屑等异物，同时严格执行场地管理的规章制度。

落在场地中的有机异物会迅速腐坏，如不及时清理，久而久之会影响到场地的渗水性能，还会为苔藓、藻类的生长提供媒介，并且严重影响场地的美观。进行场地清洁可以使用的工具有宽的软质扫把或者装有橡胶保护头的耙子，用于清理场地表面的异物和垃圾。为了提高效率，便携式鼓风机或者机械化清扫刷也可用于场地清洁，但是这些设备必须使用与保养得当，不能造成对人造草坪的损坏，或过多地影响填充物的分布。例如，鼓风机所吹出的风不能是热风，并且出风口不能太接近草坪使用，因为如果草纤维接触到过高的温度可能会发生收缩或者融化的问题。在场地建成初期的一到两个月内，场地的清洁工作会造成场内填充物的一些损失，此为正常现象，在往后的使用中填充物逐渐稳定下来就不会再有过多由于清洁工作而造成的损失。

人造草运动场地外张贴明确的场地使用注意事项，场内提供足够数量的垃圾桶等管理方法也有助于保持场地的清洁。这里需要特别强调的是人造草运动场地必须是严禁吸烟与严禁出现明火的区域，并且口香糖也不得在场地范围内食用。

（二）场地梳理

场地梳理是日常基本维护工作中至关重要的项目，定期有效地梳理人造草坪不仅有助于保持草纤维挺立美观，更重要的是可以有效防止填充物层形成板结，造成运动性能的过早退化，防止影响场地渗水性能。持续的场地梳理对于上层填充物的翻动与再平整可以让上述问题出现的时间推迟数年。

中等硬度的合成纤维刷毛的宽幅拖刷（图8-1）是进行场地梳理的理想工具，使用拖刷对于人造草坪中填充物的轻度翻动与再平整有良好的效果。尤其是频繁使用过后，场地中填充物的分布平均程度会受到影响，高强度使用区域，如足球场的禁区范围，填充物的数量可能会比其他区域有所减少，这时通过对于全场纵横双方向的全面拖刷可以使填充物的分布更趋均匀，同时可以缓解填充物层在高强度使用过后的压实状况，起到预防板结的效果。拖刷的操作方法可视场地面积的大小和实际条件来选择，场地面积小的可以采用人力手动的方法操作，大面积的场地在有条件的情况下，可以考虑使用低胎压的小型拖拉机来牵引拖刷，提高操作的效率，减轻工作量（图8-2）。

图8-1　人造草坪宽幅拖刷

图8-2　机器牵引拖刷

为了使草纤维在梳理后有更好的挺立竖直状态，使用圆筒型能够水平绕轴滚动的卷刷可以达到更好的效果。卷刷在拖动向前的过程中，自身的滚动可以从相反于草丝的倒伏方向拨动草丝，从而重新使它们站立起来。草丝的挺立竖直对于球类项目的运动场地特别重要，草丝的挺立程度会直接影响到球的滚动与反弹等方面的表现，如图8-3所示。

图8-3　人造草坪用卷刷

场地梳理的频率需根据场地使用的程度、频率以及位置等因素来制定，学校用人造草运动场地通常建议每周进行1～2次梳理，如果使用时间特别长、强度特别大以及处在缺乏日照位置的场地，应适当考虑增加梳理的频率。

（三）野草、苔藓的清除

人造草运动场地在一些特殊的环境（例如：长期处于建筑物或树木的阴影中）和潮湿的季节里偶尔会有野草和苔藓出现在面层。数量不多的野草可以用手从场地表面去除，但一定要将根部完整清除以免再生。

非油基的除草除藓剂也可以用于野草和苔藓的防治，切记任何类型的化学药剂在使用于人造草坪之前都必须征求人造草坪的生产商或安装单位的意见，确保所使用的化学药剂不会损坏人造草坪以及妨碍人造草坪的正常使用。

（四）去除污渍

大部分的污渍可以通过使用温水（不超过50℃）和家用清洁剂（如洗洁精）去掉。去除粘在人造草坪表面的口香糖时可以使用专用的冷冻喷雾剂使口香糖脆裂后清理掉，但是需要注意避免损害到周围的草丝。较为严重的油渍可以使用沾有石油溶剂液的抹布擦拭干净。

（五）除冰除雪

冰和雪对人造草运动场地是无害的，随着融化过程融水也会通过渗透和排水系统导出场地。但是我国北方地区的学校在冬季由于教学或比赛需要有时没有足够的时间等待冰雪融化就要使用场地，这时在使用前就应进行除冰除雪工作。

由于金属材质的铁锹和刮板类的工具有可能会损坏人造草坪表面，所以除雪时建议使用上文中提到的拖刷、吹雪机、橡胶或木质雪犁（图8-4）。冰层的清扫相对麻烦，需要用车辆或者滚筒将冰层压碎后清扫出去，如果冰层较厚还需要撒播尿素以催化融冰，但使用尿素时温度低于-12℃作用就不大了，尿素残留需要在天气允许的情况下及时冲洗，岩盐与化学类的除冰除雪产品不推荐使用。

在场地发生冻结时，场地的冲击吸收性能会大幅降低，在保证使用者安全的前提下，可以适度使用场地进行活动，但是由于草纤维在低温下相对易脆，容易出现填充物被冻硬的情况，不建议高强度的使用场地。

图8-4　除雪设备

二、深度专业保养

（一）机械卷刷

相对于在日常基本场地维护中使用到的手动卷刷来梳理场地，使用机械驱动的卷刷可以更高效、更彻底地刷起胶粒等人造草坪中的填充物，使它们在草丝间隙中保持较好的移动性，防止板结，同时可以达到更好的将草丝梳理挺立的效果。

使用的设备是专为养护人造草坪而开发的，拥有单个或两个对旋式水平绕轴转动的圆筒型卷刷（图8-5），在机器向前运转时，同时刷起倒伏的草丝并向前翻动填充物颗粒。进行这种深度保养的工作的频率视场地的使用程度而定，通常建议每年进行2～4次。

图8-5 机械卷刷设备

在我国现阶段仅有数量很少的从事人造草坪养护服务的公司和个别人造草坪生产厂家拥有这类专业的机械设备，并且需要有经验的专人操作。

（二）板结校正

预防和改善人造草坪运动场地的板结与硬化的状况是进行深度专业保养的主要目的之一，尤其在日常基本维护工作不到位的情况下，填充物已经被过分压实，板结已经形成的场地必须使用专业的机械设备进行板结校正处理，从而改善场地的性能（图8-6）。

用于板结校正的设备装有刷毛硬度更大的拖刷和一对对旋式卷刷，不但可以更加深入填充物层中翻松填充物，还可以卷起并吸入回收约5mm深度的表层被污染和老化比较严重的填充物。清理出来的填充物通过筛滤可以重新均匀回填入场地，条件允许的情况下，如果可以用新料重新填充效果会更好。这项保养工作可以更为根本地改善人造草运动场地板结变硬的状况，从而提升场地的运动性能和舒适安全性以及球的滚动和反弹表现。

图8–6　人造草坪板结校正拖刷

根据现在学校人造草坪运动场地的普遍使用情况来看，在场地建成后的头2～3年内，只要做好日常基本的维护工作就可以较好地保持场地的运动性能。在经过2～3年的使用之后，建议可以请人造草的生产商或安装单位每年对场地的实际状况进行评估，考虑安排对场地进行深度专业保养。

（三）增补填充

填充物在人造草坪运动场地中具有一定的可移动性，在使用的不同时期，对于填充物的有效管理可以让场地有更好的平整度以及更均一的性能。

通常新建成的场地中的填充物较为松动，有比较大的移动性，这时的填充物尚未完全落入草丝的间隙中形成稳定的填充物层。在降雨过后，一部分填充物会随着排水坡度迁移到场地的较低处（通常为边线附近）。另外，在施工工程中也很难保证整场填充物分布的完全均匀。所以在场地建成的头几周时间，增加各个方向场地梳理的频率对于最终形成平整、均一的人造草坪是非常有帮助的。

在日常的使用过程中，使用强度较高的点球、角球和球门等特定区域内的填充物损失会比其他区域更严重，所以根据使用情况，针对这些区域，有必要每隔一段时间对填充物进行一定的增补。如果场地普遍缺失了大量的填充物，填充物层之上露出的自由草高过多，在这种情况下继续使用，会对场地造成很大的损害，大大缩短使用年限。这时应当立即联系安装单位，按照要求对场地进行全面的填充物增补。

第三节　养护周期及效果评价

一、养护周期

以下列出的养护周期表可作为学校管理和安排人造草运动场地养护工作的通用指导建议，具体每片场地的养护计划需要根据对现场的跟踪观察和对使用情况的了解来制定，对于在场地上实施的各项养护工作需要做好记录并管理归档，见表8-1。

表8-1　养护周期指导

周期	养护工作
每日（全天使用结束后）	检查场地内的固定装置和设施
	清理场地上的垃圾
	检查并增补平整高强度使用区域内的填充物
每周	全面清洁场地中的植被枝叶等异物
	全面场地梳理
	清除出现的野草、苔藓和污渍
每月	全面检查填充物的平整和均一
	检查场地路径和外围的卫生
	检查人造草坪与嵌入功能线是否破损

每六个月为周期	安排进行场地机械卷刷
	评估是否需要进行场地板结校正

二、养护工作效果评价

学校人造草运动场地的养护工作的实现效果可以从以下几个方面来分别进行评价（表8-2）。

表8-2　场地养护工作效果评价

周期	养护工作需达到的效果
每日（全天使用结束后）	场地内的固定装置和设施无影响使用与安全的损坏
	场地内无明显垃圾残留
	高强度使用区域内的填充物保持充足平整
每周	场地无垃圾无异物，整洁美观
	场地填充物层平整均匀
	草丝无严重倒伏，可基本保持竖直
每月	场地内填充物无过分压实或硬化现象出现
	场地渗水排水性能良好
	人造草坪无破损情况
每六个月为周期	场地的板结硬化情况得到改善，运动性能得以恢复
	场地仍有良好且均一的冲击吸收能力，保障使用安全

只有人造草运动场地的各项养护工作取到了好的效果，才能在使用年限里更好地保持场地各方面的性能，使学校师生获得更高品质的运动体验。

第九章　学校人造草运动场地建设与使用中常见问题及解决措施

学校人造草运动场地在建造和使用过程中，出现很多不应发生的问题，有些是无法挽回的错误，对国家财产造成损失，对学生以及使用者造成严重的身体伤害，影响学生的身心健康。本章对劣质人造草运动场地的种种质量问题和危害学生身心的问题进行了详细的论述并提出了处理办法，对建成使用的人造草运动场地需要更换评判的原则方法进行了说明。

第一节　学校人造草运动场地常见的问题及解决措施

一、草纤维褪色、变色

1. 草纤维的质量不合格，例如抗紫外线（UV）剂、抗老化（胺）剂添加量太少。

2. 草纤维的配方不科学，一些质量较差的添加物较多。

3. 人造草纤维的生产设备落后，工艺较差，物理性能不稳定。

4．环境影响，如部分地区的紫外线照射强烈，酸雨腐蚀和工业污染等。

解决措施：

1．草纤维褪色范围较小且不会有蔓延趋势的或是由有机溶液引起的小范围褪色、变色问题，建议使用相同规格、颜色的草坪进行局部更换；

2．如问题严重，应尽快更换草坪面层。

二、草纤维起毛、起球和粉化

1．因为学校的使用频率较高，网状纤维质量差的在1～2年，质量较好的在4～5年都会有不同程度的草纤维裂开成50～60根小丝现象。

2．聚丙烯纤维本身比较硬、脆，抗低温性能差，容易起毛、起球。

解决措施：

1．针对因填充物较少或流失严重，导致草纤维外露过多而引起的纤维磨损、开叉问题，应尽快补充橡胶颗粒；

2．每7～15天使用专业草坪维护设备对场地上脱落的草丝纤维进行收集和清理；

3．如问题严重，应尽快更换草坪面层。

三、草纤维脱落、掉毛

1．生产工艺差，人造草底布、胶水质量不佳，造成整体对草的束缚力差。

2．草纤维的采用低端草（如聚丙烯材料），使用中草纤维从中断开。

3．所采用的辅料不合格（石英砂颗粒太大、不圆有棱角），对草纤维造成损伤。

解决措施：

1．针对草坪生产工艺差引起的草纤维脱落问题（草纤维整根脱落），应尽快进行整体更换；

2. 针对填充物不足致使草纤维外露过多而引起的纤维脱落问题（草纤维整根脱落），应尽快补充适量的填充物，使草纤维外露高度达到标准要求；

3. 针对填充物不符合要求引起的草纤维断裂问题（草纤维从草高的1/2处断裂），应尽快更换草坪面层。

四、人造草底布腐化、开裂

1. 人造草底布单薄，并采用一般的聚丙烯材料。

2. 底布所用胶水质量较差或背胶工艺不佳。

3. 场地基础高低不平为不合格基础，对人造草坪的底布损伤较大。

4. 基础整体排水不畅，底布长时间浸泡在水中。

解决措施：

小范围出现底部腐化、开裂问题时可以采用局部更换的方式处理，若腐化严重且面积较大则建议整体更换。

五、场地人造草色泽不均，色差严重

1. 人造草纤维的质量较差，厚度不均、颜色不稳定，易造成色泽不同。

2. 场地安装设计不佳，现场的辅料填充高低不平，产生视觉色差。

3. 场地基础不平，接缝有明显痕迹。

4. 填充的辅料不合格，污染面层。

解决措施：

1. 经专业检测机构判定后，如果是草纤维质量问题引起的，则由生产厂家负责更换存在色差问题的部分草坪；

2. 如果是辅料填充不均匀引起的色差，应要求场地施工方使用专业梳草设备反复梳理不均匀的填充物，直至色差问题消失；

3. 针对基础不平引起的色差，可将已铺装好的草坪沿接缝切开，由专业施工队伍对基础进行修补，确认平整后重新粘合草坪并补充流失的填充物；

4. 针对不合格填充物将草坪污染引起的色差，应视严重程度采取以下措施：

（1）清水冲洗；

（2）使用符合标准的填充物覆盖；

（3）完全更换不合格填充物（工程量大）；

（4）如填充物严重污染了草坪使之无法正常使用，则考虑整体更换面层。

六、人造草运动场地接缝不整齐，缝隙过大

1. 场地基础没按标准要求建设，造成接口不平整。

2. 因人造草坪接缝的连接工艺不佳造成不平整。

3. 因人造草坪的生产工艺及质量问题造成变形，无法拉直，产生缝隙。

4. 缺少专业施工经验，缺少专用的施工工具及合格熟练的技师。

解决措施：

针对接缝不整齐、缝隙过大问题，可采用重新粘接或将接缝部分草坪整齐地裁切掉，重新更换新草坪的方式处理。

七、场地泛黑，面层凌乱

1. 场地所使用的胶粒过多或质量不合格，造成大面积黑色污染。

2. 人造草坪出现局部或多点面层草丝脱落，只剩填充料。

3. 缺少专业施工经验，缺少专用的工具及合格熟练的技师。

4. 在施工完成后缺少必要的维护。

解决措施：

1. 针对填充辅料不合格问题，可参考第五点的方案处理；

2. 局部草丝脱落原因有很多种，如足球场的罚球点、大小禁区、球门

附近、篮球场三秒区内外、网球场底线位置等，因使用频率过高引起草丝磨损脱落属正常现象，建议请专业施工队来更换损坏的草坪；如果是草纤维老化引起的，则应有专业检测机构或第三方鉴定后，向草坪生产企业提出更换要求。

八、场地面层板结

1. 基础不平整，易积水，长时间浸泡易板结。

2. 所采用的石英砂等辅料太细或粗细不均。

3. 所采用的橡胶颗粒、石英砂等辅料杂质太多或者含泥砂量较大。

4. 人造草坪质量差，没有弹性，容易掉毛，并缺少必要的维护。

场地因板结而失去弹性，主要由三方面原因引起：

1. 石英砂颗粒粒径过小或含有大量泥砂；

2. 石英砂风化或硬度不够，经长期使用后出现严重的粉化板结问题；

3. 橡胶颗粒质量差，出现粉化板结问题；

4. 如场地使用频率过高，缺乏系统的养护也会导致场地出现板结问题。

解决措施：

针对上述问题，建议使用专业的填充料疏松设备对场地进行处理，如处理后依然无法达到场地使用要求则应考虑整体更换面层，如图9-1所示。

图9-1　疏松填充物

九、场地面层高低不平，人造草坪外观稀疏不均

1. 人造草坪场地的基础不平整，辅料填充不均，并且在施工过程中部分草苗被填充物所掩盖。

2. 人造草生产工艺不专业，有较大的草高误差。

3. 缺少专业施工经验，缺少专用的施工工具及合格熟练的技师。

解决措施：

1. 辅料一次性填充过量，且又没有将压倒的草纤维梳理起来，就会出现场地局部或整体表面草纤维稀疏的问题，针对这一问题可以使用梳草机反复梳理或使用专业的填充辅料疏松设备来进行处理，不具备条件的或问题面积较小的可以使用钢丝耙子进行人工处理；

2. 如问题起因是草坪自身质量原因，应及时与草坪生产企业协商处理。

十、场地积水

1. 基础高低不平，低的地方易积水。

2. 缺少维护造成场地板结，排水不畅。

3. 局部草纤维磨损厉害，造成坑洼。

4. 填充物材料不合理。

解决措施：

1. 如果确认问题是由基础不平造成的，可将已铺装好的草坪沿接缝切开，由专业施工队伍对基础进行修补，确认平整后重新粘合草坪并补充流失的填充物；

2. 如果是其他因素所造成的，则应根据现场实际情况与相关厂商协商处理。

第二节　学校人造草运动场地更换评判

一、影响使用年限的因素

（一）场地使用频率

很多球场可以使用5～15年。球场的性能可以跟汽车轮胎的性能相比较，车辆使用越频繁，轮胎更换时间就越短。同样，人造草坪球场的使用年限取决于其所承受的使用强度，球场使用次数越少，磨损就越少，使用年限就越长。想要测定人造草坪的使用年限，必须首先弄清楚球场的使用强度，不仅要考虑到使用的时间，还要考虑到使用时间里每平方米的球员数量是多少。

（二）面层质量

还要考虑到球场各组成部分（草坪面层、填充橡胶、运动技术层等）与基础设施（地基和排水装置等）的质量，这些信息对球场使用年限的测定分不开。同样，安装质量、当地的气候情况和维护标准也会对球场的使用年限有很大的影响，适当的人造草坪维护也会增加球场的使用年限。

二、老化征兆

随着时间的推移，许多使用年头较长的操场草坪出现了老化掉毛的现象，师生的衣服上经常粘着一些细小的“绿毛”和“红毛”，不小心还会钻到皮肤上吸入口鼻之中，让人瘙痒、干咳，产生了一定的健康隐患。严重的地方，教室、办公室、师生家里，都可见其踪迹的粘在衣物上，草毛很难洗掉，给大家带来了很大的困扰。另外，场地还存在着板结越来越硬的情况，学生摔倒在上面，比新建时容易受伤。学校的日常打扫清理无法解决这些问题，有待进行专业维护保养。

（一）问题成因分析

1．老化掉毛：老化是人造草坪不可避免的现象，人造草坪采用的聚丙烯、聚乙烯材料，在阳光紫外线照射、高频率的使用磨损、空气硫化、雨水侵蚀、温度变化等外界条件下，会随时间逐渐老化，强度降低。草丝越来越细，达到一定程度就会以绒毛碎屑的形态从原草坪上脱落，如图9–2所示。

图9–2　草坪老化

2．场地变硬：新造草坪因为草丝是相互独立的，其填充的石英砂干净有流动性，非常松软；如果不加维护保养，随着时间推移，草丝绞结倒伏，尘土沉积，砂的流动性降低、板结，场地随之变硬，安全性和舒适度降低，学生在活动时受伤的可能性增加，如图9–3所示。

图9–3　草坪变硬

3. 缺少专业维护保养（图9-4）：国际通行的做法是场地建成后，必须对人造草坪进行定期的维护保养，以保证优良的使用状态；建设与维护并重，建设是一次性的（使用期内），但维护保养有专业的服务公司另行承担。

图9-4　草坪缺乏专业保养

但在国内，因人造草坪引入时间比较短，一般的认识还仅在场地建设层面，普遍存在一种不正确的认识即“人造草坪场地不需要维护保养”，或认为应由施工单位负责。但施工单位只能负责因施工质量问题而产生的开胶之类的维修，一般难以另行提供专业的维护保养服务。由此出现了场地从建成至达到或超过使用年限的数年内，没有进行过一次全面的专业维护保养，这就引发了前述问题。

（二）解决办法

1. 已建成的在用场地

（1）由专业技术人员，使用专业的人造草坪专用维护设备（图9-5），清理已脱落和快要脱落的草毛，疏松填充石英砂，吸除尘土和其他垃圾，可保持一定时间段内的清洁和使用性能。

图9–5　人造草坪专用维护设备

（2）根据场地年份和使用情况，计划安排维护时间和频率。针对网状草丝而言，一般新场地的维护安排：

前两年可每年安排1～2次；

第三、四年可每年安排3～4次；

第五、六年则视具体情况每年安排4～6次。

之后视具体情况确定维护频率或更换。

2．超过使用年限的场地

国内学校因学生众多、使用频率很高，多数人造草坪场地在使用五年时就已达到使用年限，但这跟草坪的品质与具体使用情况等客观条件相对应，如果条件较好，则在专业维护的支持下，多使用一两年再更换也很有可能，但需要一定的专业认定。

一旦达到使用极限，即使增加维护保养频率，仍然不能解决根本问题，必须按照事物的客观规律，及时更换新草坪。

3．新建场地

要从根本上降低出现掉毛这类问题，可适当增加采购预算，使用近两年才刚刚被大范围推广的国际上先进的新技术产品——单丝人造草坪（图9–6），比常规的网状草坪（图9–7）草丝更厚，老化的更慢，掉毛的时间更晚，使用年限更长，维护频率更低（仍需要定期保养维护）。

图9-6　单丝人造草坪

图9-7　网丝人造草坪

（三）专业维护服务安排

表9-1　草坪专业维修安排

年份	维护次数 （次/年）
第1～2年	1～2
第3～4年	2～4
第5年	4～6
5年以上	视具体情况而定

三、更换原则及方法

（一）更换原则

超过使用年限及严重损坏的人造草坪场地，应根据实际情况及时地进行更换，以免影响学生的身体健康，造成不必要的运动伤害。当草坪出现下列问题时可考虑更换新的人造草坪。

1. 草坪严重老化

其表现是：草丝越来越细，很多绒毛碎屑从草坪上脱落下来。当运动者接触这种草坪时，由于小绒毛碎屑的缘故，造成干咳，皮肤瘙痒，呼吸不畅。衣服上、头发上、皮肤上、鞋上会粘上很多草毛，且很难洗掉。

2. 场地严重变硬

其表现是：草丝绞结倒伏，砂石粉化外露，尘土沉积，草坪上的橡胶颗粒变硬，场地板结变硬，甚至没有弹性感，运动者在活动时易受到伤害。

3. 草丝严重脱落

学校人造草运动场地，由于学生众多，其使用频率过高，造成人造草坪过早损坏，草丝脱落严重，多处形成斑秃，已无法修补。

4. 人造草质量差

铺装的人造草坪的品质差，质量达不到国家优质人造草的标准，当草坪铺好使用时，造成人造草丝过早断裂，草丝从底布上脱落现象严重并且无法修补。

5. 草坪使用寿命

优质人造草坪的使用寿命可达8年以上，一般品质的人造草坪可达到5年以上，当人造草坪的使用年限已达到5年以上，草坪会出现损坏现象。

当人造草坪达到上述五种情况时，一般来说，就应该进行人造草坪的更换。在更换前，请人造草业界的专家、相关领导现场观测、评定是否需要更换新的人造草坪。

（二）更换方法

1．把需要更换的旧人造草坪进行分割打卷，由于草坪内有很多砂尘、旧橡胶颗粒，草皮会很重。因此，草卷不要太大，不然会影响搬运。

2．把整理好的草皮卷，清运到事先联系好的收货场地处理。

3．在新草坪铺装前，清理基础上的泥砂、杂物，清理完工后，按国家相关标准修补损坏的、凹凸不平的基础，当基础修整到能达到铺装新草坪的标准时，请监理、技术人员和相关领导进行检查验收，验收合格后，再进行新人造草坪的施工。

4．新草坪铺装方法

（1）弹性垫层：详见第六章第二节“弹性垫层的铺装”。

（2）草皮卷材的铺装：详见第六章第三节“人造草坪卷材的铺装”。草皮卷铺装位置的确定详见第五章第二节“施工图纸的设计”中的第三部分“地面铺设”。

（3）镶嵌球场功能线：详见第六章第三节“人造草坪卷材的铺装”第五部分“草坪缝接施工工艺”中的“（二）镶嵌球场功能线”。

（4）草皮充砂：详见第六章第三节“人造草坪卷材的铺装”第六部分“人造草填充石英砂”。

（5）草皮充橡胶颗粒：详见第六章第三节“人造草坪卷材的铺装”第七部分“人造草填充橡胶颗粒”。

（6）草苗梳理：充砂、充橡胶颗粒完工后，要用草苗梳理机械沿场地纵横，双向依次梳理，直至将草苗全部梳理出砂和胶粒层。

（7）清理场地：检查整个场地，对局部进行补砂或胶粘并清理施工现场的杂物。

（8）依据国家相关标准进行工程质量验收。

第三节　学校不合格人造草运动场地的危害

一、草纤维过硬带来的擦伤和灼伤

即使是天然草，在上面运动，也不可避免出现擦伤，如图9–8所示。但如果人造草纤维过硬，会带来更严重的伤害。过硬的人造草纤维是由不合格的生产工艺或过度强调抗拉强度所造成的，如图9–9所示。

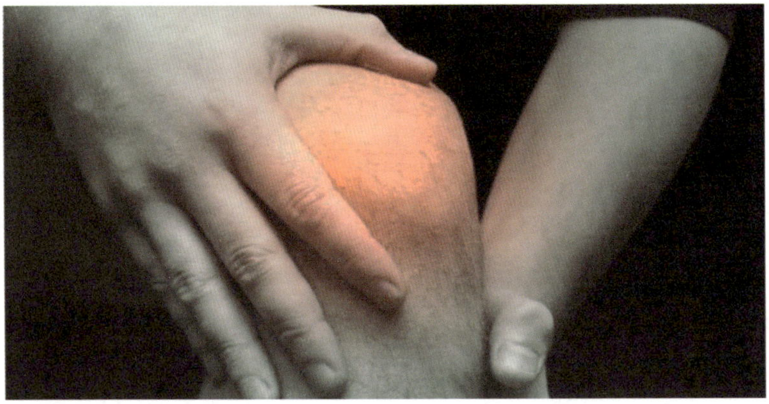

图9–8　人造草纤维擦伤

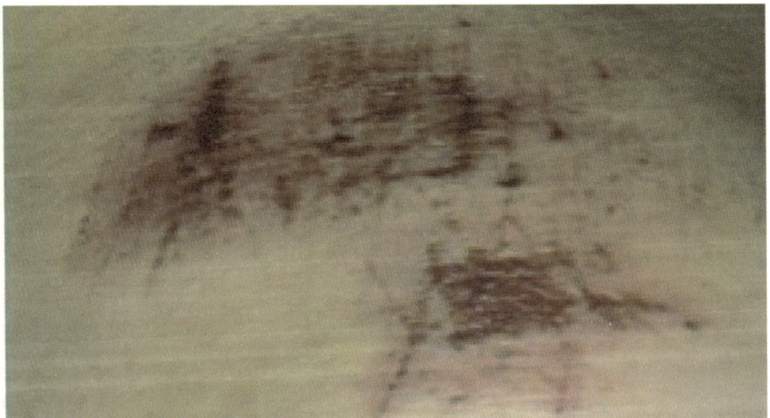

图9–9　人造草纤维灼伤

二、重金属超标

在我国，部分厂家为了降低成本仍使用重金属染色，这一情况肉眼很难辨识，需通过专业的实验室检测方能查出。人造草坪在使用过程中可能影响到周围相当大的生态系统，经过日晒、雨淋、风吹后，其中的有害物质从塑料和橡胶中溶出，随着雨水等自然降水渗入到土壤中，对土壤产生污染。其对土壤的污染包括改变土壤的物理结构和化学性质，影响植物营养吸收和生长；影响土壤中微生物的活动；破坏土壤内部的生态平衡；有害物质在土壤中发生累积，致使土壤中有害物质超标，妨碍植物生长，严重时甚至导致植物死亡。

将土壤中的酶和与土壤关系密切的植物作为主要评价受体，通过测定土壤中不同酶的活性变化，以及植物的生长发育，测得再生聚乙烯废塑料资源化工产品中污染物主要是重金属，包括铅、镉、铬、砷等，其中以重金属铅的浓度最高、影响最大。有害物质还会通过植物吸收、转移到果实体内，通过食物链影响人体健康。此外，再生建筑材料携带的病菌还会传播疾病，对环境形成生物危害。

美国环境与人类健康公司（EHHI）项目研究了人造草坪场地是否会通过雨水或水雾喷溅增加水污染。研究发现，橡胶填料中的25种化学物和4种金属（锌、硒、铅和镉）能释放到水中，而且由于人造草坪不能吸收或过滤雨水，化学物没有经过植被的有效过滤，其中的有害物质随自然降水流入江河湖泊，使地表水受到污染；随着渗透水进入土壤使得地下水受到污染，直接流入湖泊、河流或海洋，则会造成更大面积的水体污染。

人造草坪的主要成分聚乙烯属非生物降解材料，经8～10年老化淘汰后，形成数以吨计的高聚物垃圾，因此必须合理处置这种废弃材料。人造草坪委员会主席里奇·多伊尔（Rick Doyle）说，填充物可以清洁后再利用，用于其他用途，例如用作橡胶沥青、焚化，铺在土壤上以使土壤和填埋的垃圾分开，或者回收利用。然而实际上，废弃的人造草坪通常被掩埋。

三、劣质草纤维提前出现老化现象

若球场使用的是劣质纤维、基布，则球场会很快就出现老化现象，如图9-10到图9-11所示。最常见的劣质草坪会在短时间内出现褪色和掉毛现象，这不仅会影响场地性能，飞扬的草毛还会被使用者吸入体内，轻则引发咳嗽、胸闷等肺部病变，重则引起呼吸困难、咳血等尘肺病症状，对使用者的健康造成很大威胁，需要及时更换。

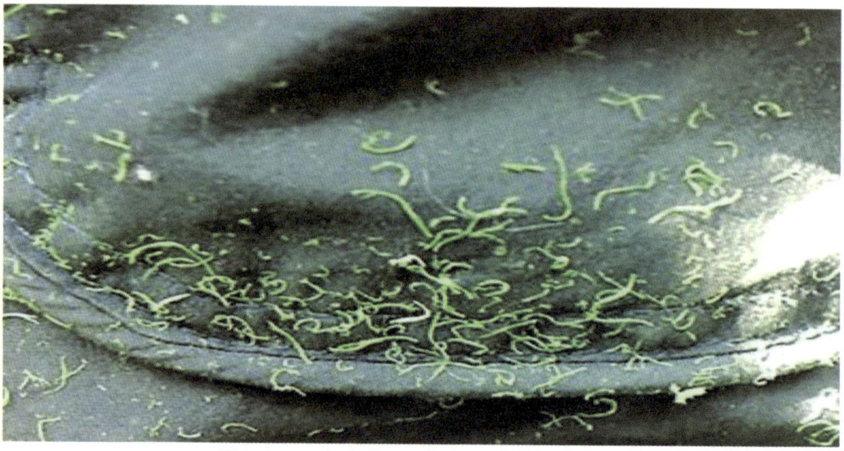

图9-10　人造草场地褪色和掉毛（一）

图9-11　人造草场地褪色和掉毛（二）

目前国内有20多家人造草坪的生产商，从规模、设备、技术、产品质量、销售能力等指标来看，真正有实力的只有寥寥数家，其他生产商目前还处于小工厂、非专业生产的阶段，甚至有些生产商是由地毯厂转变而来的。这些人造草坪生产商大都集中在我国的南方以及上海等地区，它们之间的大多数都缺乏品牌意识，缺乏一定的市场操作能力，缺乏非常专业的管理团队和技术人员，致使国内的人造草坪质量参差不齐，低档产品泛滥，同时国内编织低端产业发达，但核心材料草丝纤维制备高端产业空白。我国所使用的人造草坪大多依赖进口，昂贵的价格会使许多学校望而却步，有的不得不从一些小作坊式的生产厂家选购低价劣质的产品。虽然人造草坪已被广泛用于儿童和成人休闲和游玩的草场、公园和各个运动场馆及学校运动场地，但人们仍然对它存有疑虑，其中人造草坪材料内部有毒有害化学污染物的挥发为活动的主体——少年儿童所带来 的卫生安全问题引起国内外人们的普遍关注。

四、劣质填充料挥发对人体的危害

人造草坪通过加铺一层由回收的轮胎制成的直径为3mm或更细小的橡胶颗粒作为垫子，有时橡胶粒还会混合硅砂作为填料，如图9–12所示。

图9–12 废旧轮胎

最常见合成橡胶主要由乙烯-丙烯和苯乙烯-丁二烯组成，其中添加不同含量的硫化剂、填料、增塑剂和抗氧化剂，不同厂家添加的配方也不同，轮胎橡胶还含有多环芳烃（PAHs）、邻苯二甲酸酯和挥发性有机化合物（VOCs），橡胶在燃烧后可能产生CO、SO_2、H_2S、HCN、NO_2、HCI、砷、镉、铅、镍、多环芳烃和挥发性有机化合物。一些研究显示，这些化学物在橡胶燃烧时会被大量释放，也可以在橡胶颗粒老化的过程中被缓慢释放出来，如图9-13所示。

美国加州环境健康危害评估办公室（OEHHA）在其2007年1月题为“运动场和田径跑道使用的回收废弃轮胎的健康效应评估”的报告中指出，轮胎橡胶颗粒可释放出49种化学物。基于一项模拟胃液消化的实验，该办公室估算了人终生一次摄入橡胶颗粒患肿瘤的风险为千万分之1.2，远低于百万分之1的最低风险阈值。在一个手试实验中，该办公室估算人通过手、口途径接触橡胶颗粒填充物，摄入1，2-苯并芘（轮胎橡胶中发现的一种可疑人致癌物）而患肿瘤的风险增至百万分之2.9，这一估算值建立在常规运动场最初12年使用寿命的假设基础上，作者认为该致癌风险“较最低水平略高”。

图9-13　橡胶颗粒健康效应评估实验

美国康乃狄克州环境与人群健康公司于2007年夏季委托康乃狄克州农业实验站进行一项研究，以确定橡胶颗粒中的毒性物质能否释放至空气或水体中。名为“人造草坪”的报告（Artificial Turf）中，用质谱-气相色谱方法共检测出25种化学物，其确定性为72%～99%，肯定包含的化合物包括刺激物苯并噻唑和正十六烷、致癌剂及疑似内分泌干扰物叔丁基对羟基茴香醚和可损害粘膜的腐蚀剂特辛基酚。

五、场地基础不平对人体带来的伤害

运动场地是学生体育活动的载体，运动场地的好坏，直接关系到学生的身体健康和生命安全。运动场地的范围很广泛，但在学校里，主要指的是田径运动场、足球场、篮球场等。在场地造成的伤害事故中，坑洼不平是最常见的问题，是导致膝关节扭伤的常见原因之一，后果往往是膝部侧副韧带、交叉韧带和半月板的撕裂或损伤，如图9-14所示。造成这一类问题的主要原因在于运动场地使用时间过长，且疏于管理维护，橡胶颗粒、石英砂流失及接缝开裂，另外，场地建设之初对基础施工工艺及用料管控不到位，导致基础沉降也是造成运动损伤的重要原因之一。

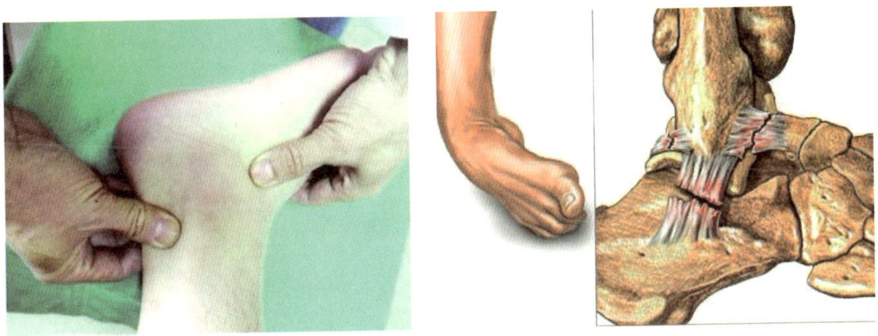

图9-14 场地基础不平造成的人体伤害

附 录

TORCHGRASS
火炬生地
400-812-6600
北京火炬生地人造草坪有限公司
只为优质人造草坪
北京火炬生地人造草坪有限公司是一家专业研发、生产、销售高端人造草坪的规模化企业。
2003年底投资1亿多元，在北京怀柔组建了占地60亩，建筑面积14000平方米的现代化人造草坪生产基地，营销中心设在北京2008年奥运会主会场的亚运村商圈。
已成为国内高端人造草坪引航者，并进入全球人造草坪行业的前端。

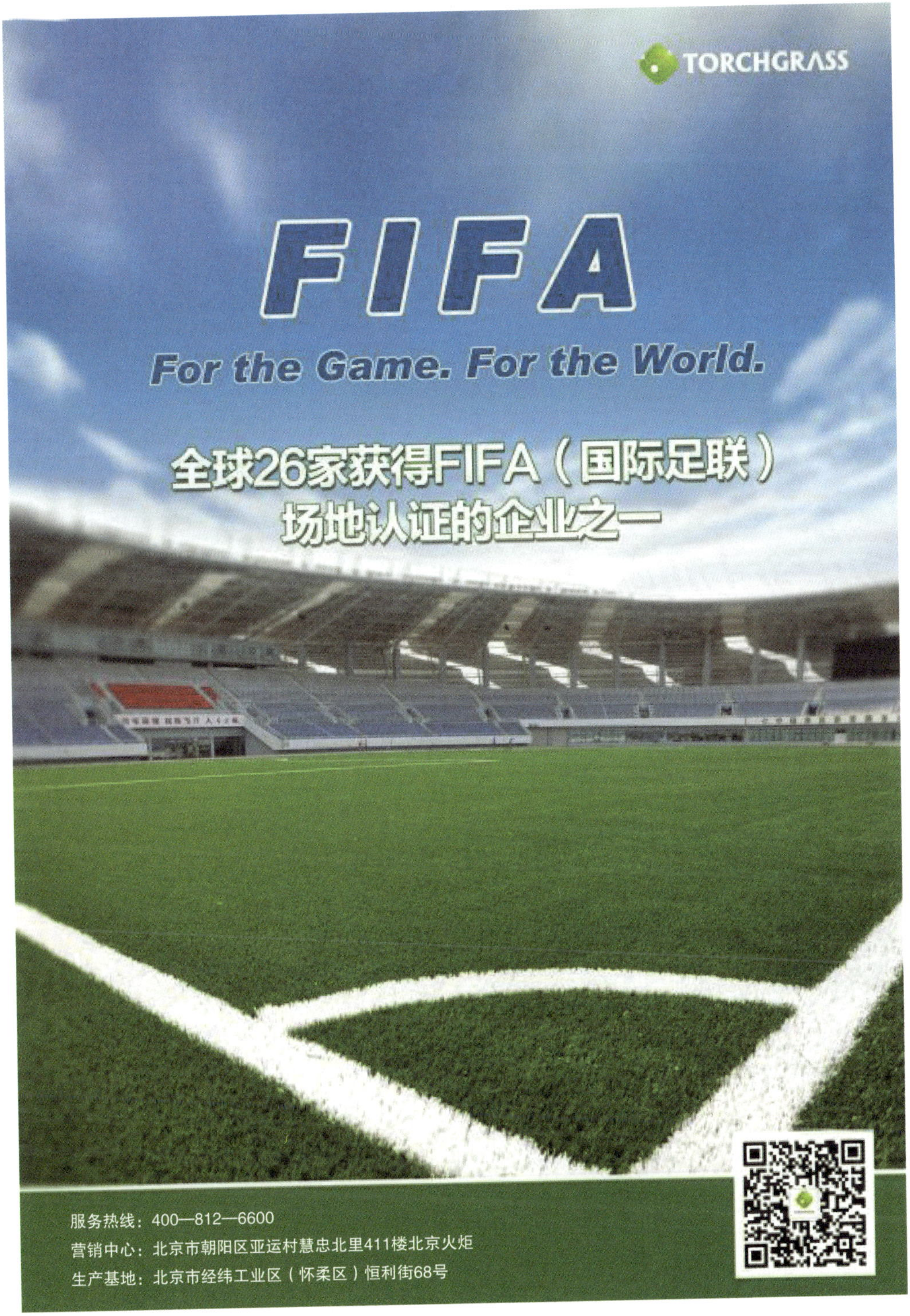
TORCHGRASS
FIFA
For the Game. For the World.
全球26家获得FIFA（国际足联）
场地认证的企业之一
服务热线：400—812—6600
营销中心：北京市朝阳区亚运村慧忠北里411楼北京火炬
生产基地：北京市经纬工业区（怀柔区）恒利街68号

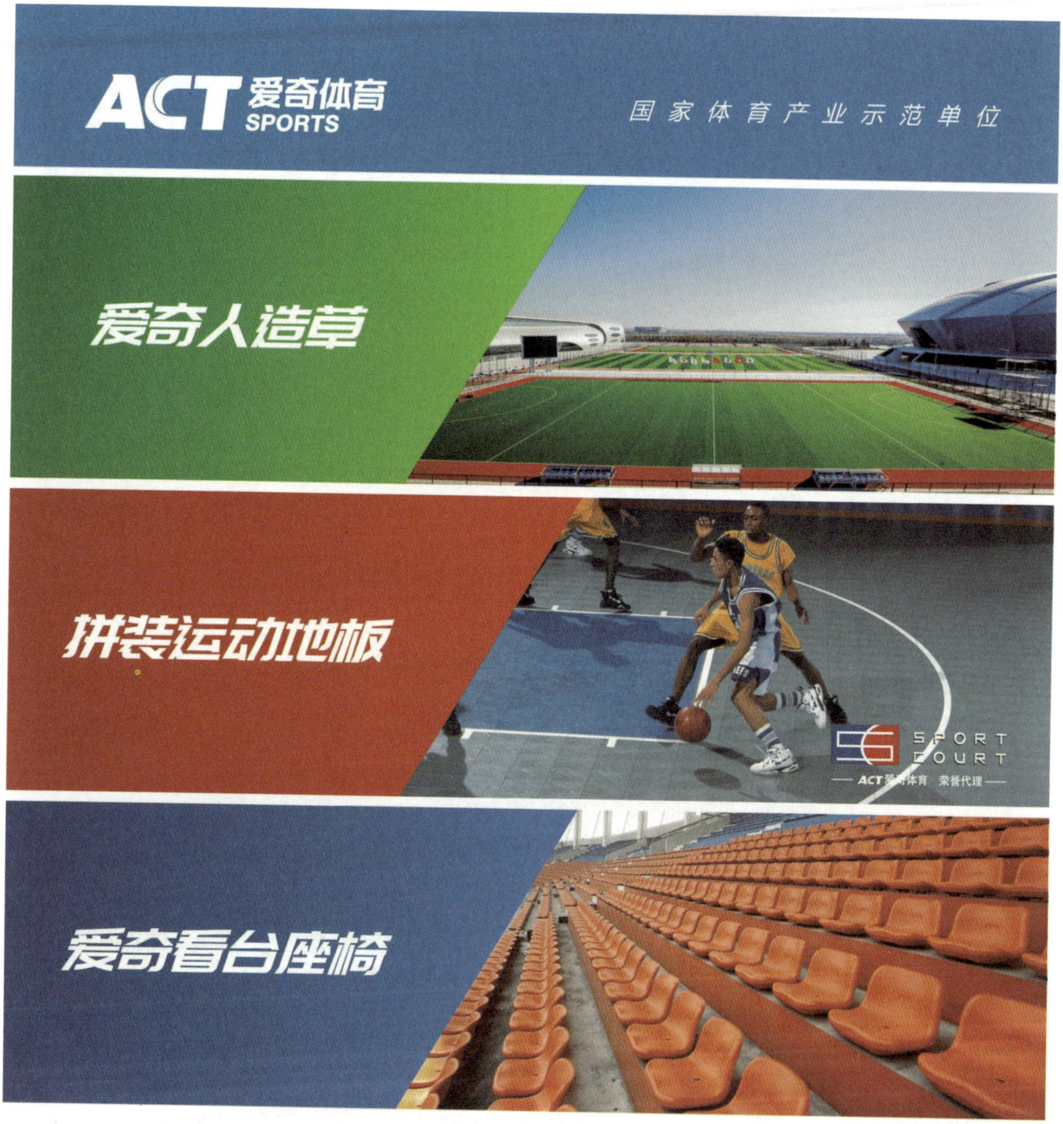
ACT 爱奇体育
SPORTS
国家体育产业示范单位
爱奇人造草
拼装运动地板
SPORT COURT
ACT爱奇体育 荣誉代理
爱奇看台座椅

ACT爱奇体育 SPORTS
国家体育产业示范单位
校园足球专用草
ECO
安全环保，无有毒有害物质
兼顾运动性能、耐用性及舒适性
适于校园足球场及多功能运动场
可承载高强度频繁使用，低维护需求
各类足球用鞋适用
广州爱奇实业有限公司
GUANGZHOU ACT INDUSTRIAL CO.,LTD.
生产基地：广东增城、河南新乡
E-mail: info@actcorp.cn
Tel: 020-3879 8114
www.actcorp.cn
微信二维码

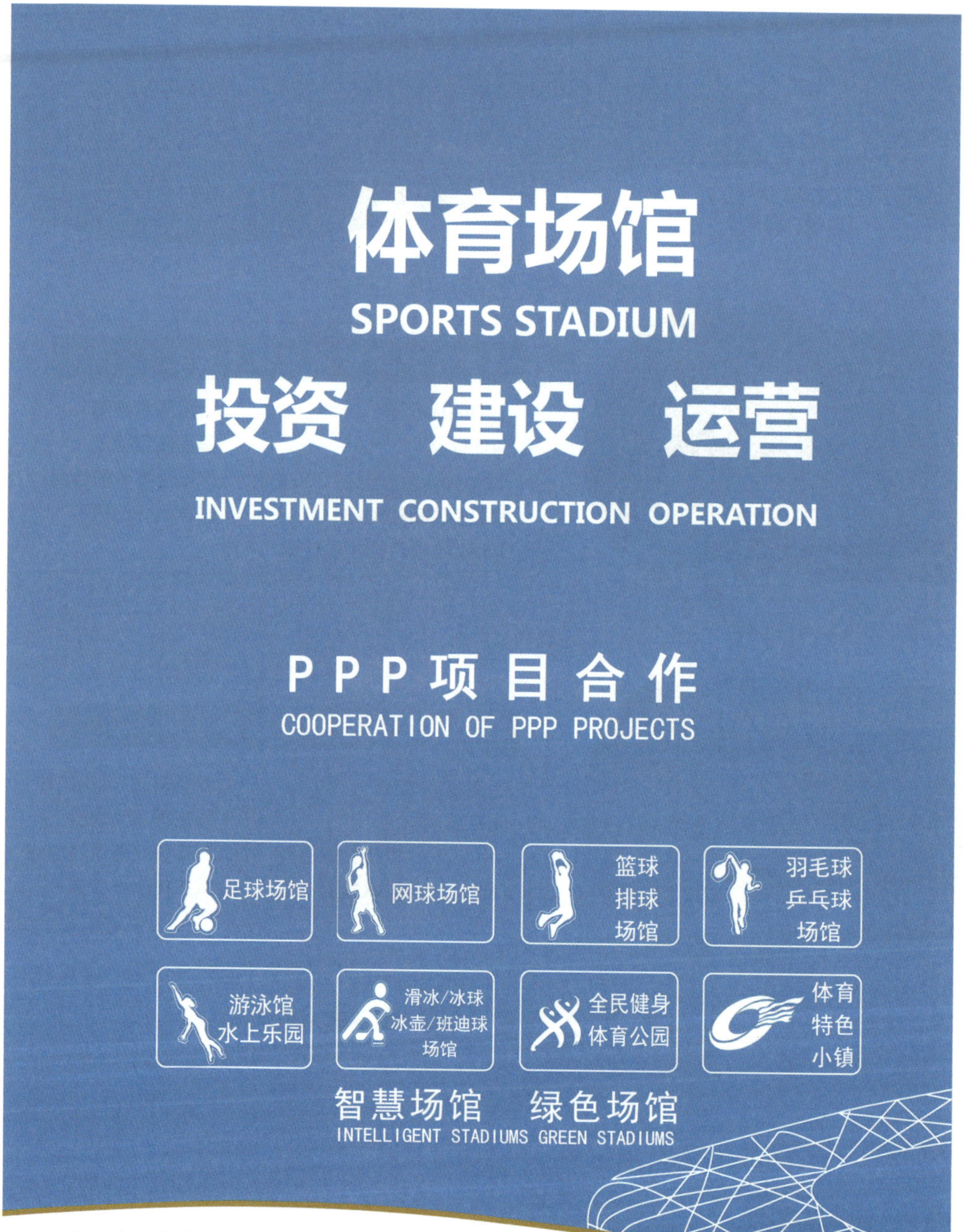
体育场馆
SPORTS STADIUM
投资 建设 运营
INVESTMENT CONSTRUCTION OPERATION
PPP项目合作
COOPERATION OF PPP PROJECTS
足球场馆
网球场馆
篮球 排球 场馆
羽毛球 乒乓球 场馆
游泳馆 水上乐园
滑冰/冰球 冰壶/班迪球 场馆
全民健身 体育公园
体育 特色 小镇
智慧场馆 绿色场馆
INTELLIGENT STADIUMS GREEN STADIUMS

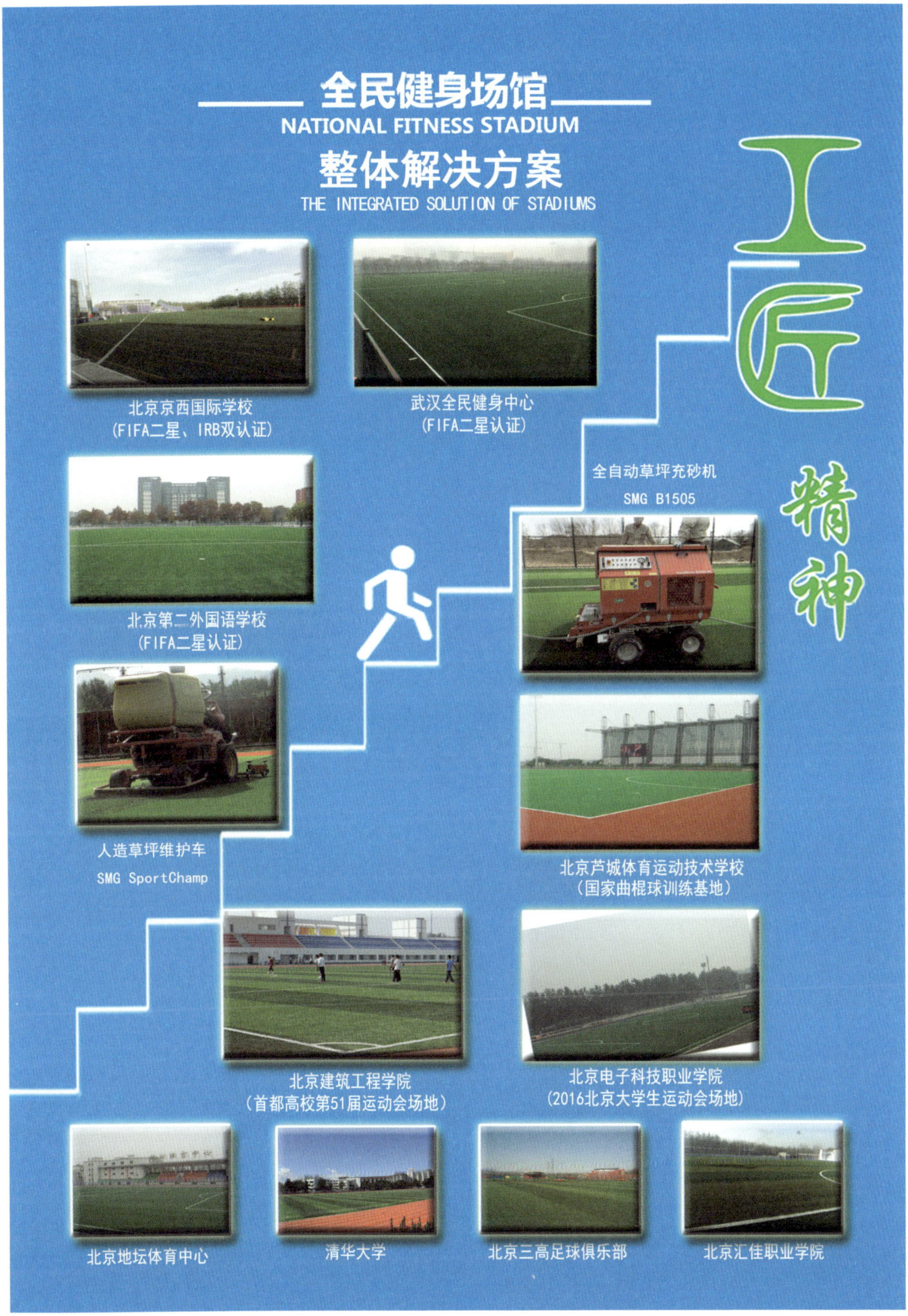
全民健身场馆
NATIONAL FITNESS STADIUM
整体解决方案
THE INTEGRATED SOLUTION OF STADIUMS
工匠
精神
北京京西国际学校
(FIFA二星、IRB双认证)
武汉全民健身中心
(FIFA二星认证)
全自动草坪充砂机
SMG B1505
北京第二外国语学校
(FIFA二星认证)
人造草坪维护车
SMG SportChamp
北京芦城体育运动技术学校
(国家曲棍球训练基地)
北京建筑工程学院
(首都高校第51届运动会场地)
北京电子科技职业学院
(2016北京大学生运动会场地)
北京地坛体育中心
清华大学
北京三高足球俱乐部
北京汇佳职业学院